连接更多书与书,书与人,人与人。

确定

不确定时代的人力资源实战技法

范珂 著

中华工商联合出版社

图书在版编目（CIP）数据

确定：不确定时代的人力资源实战技法 / 范珂著. — 北京：中华工商联合出版社，2023.5
ISBN 978-7-5158-3628-7

Ⅰ．①确… Ⅱ．①范… Ⅲ．①人力资源管理 Ⅳ．①F243

中国国家版本馆CIP数据核字（2023）第047746号

确定：不确定时代的人力资源实战技法

作　　者：	范　珂
出 品 人：	刘　刚
责任编辑：	吴建新　林　立
装帧设计：	智　画·王桂花
责任审读：	付德华
责任印制：	迈致红
出版发行：	中华工商联合出版社有限责任公司
印　　刷：	北京毅峰迅捷印刷有限公司
版　　次：	2023年5月第1版
印　　次：	2023年5月第1次印刷
开　　本：	710mm×1000mm　1/16
字　　数：	230千字
印　　张：	17
书　　号：	ISBN 978-7-5158-3628-7
定　　价：	68.00元

服务热线：010-58301130-0（前台）
销售热线：010-58301132（发行部）
　　　　　010-58302977（网络部）
　　　　　010-58302837（馆配部）
　　　　　010-58302813（团购部）
地址邮编：北京市西城区西环广场A座
　　　　　19-20层，100044
http://www.chgslcbs.cn
投稿热线：010-58302907（总编室）
投稿邮箱：1621239583@qq.com

工商联版图书
版权所有　侵权必究

凡本社图书出现印装质量问题，
请与印务部联系。
联系电话：010-58302915

序

2019年10月，当我写完上一本书《VUCA时代下的HR精进之道》序言的最后一段话之后，从未想到在接下来的几个月里，我的人生会经历如此重大的变化。这些变化来自两个方面，一个是外部环境的变化，从2019年年底开始，新冠疫情开始出现，席卷全球，直到我写下本文的今天（2022年8月）疫情依然没有消失的迹象；另一个是自己职业发展的变化，我于2020年7月结束了两年的自由顾问生活，重新回到甲方，成为一家民族品牌快消品公司的首席人力资源官，直接参与了这家企业接下来两年轰轰烈烈的组织转型。

我当时考虑重回甲方还有一个原因：我在做自由顾问期间，见识了很多企业，通过学习也更加丰富了自己的理论知识体系。但是，实践才是检验真理的唯一标准，我希望有一个机会，来检验我在过去两年里跟客户不断传授的内容：数据分析、组织发展、绩效改进、企业文化，等等。而加入一家正处于转型期的传统企业，也恰好为我提供了一个这样的良机。

新冠疫情给世界带来了巨大的不确定性。在疫情冲击下，市场发生了深刻的变化，一些企业消失了，一些企业举步维艰，另有一些企业变得更加强大了。在疫情期间，我每天都在思考。一边目睹中国坚决果断的抗疫措施，一边思考这种国家级强大的组织能力背后，有哪些是可以复制的，是可以为企业所学习和借鉴的。

在加入这家快消品公司之后，我更是可以亲自体验这种不确定性。这家企业的业务生态丰富，既有ToB业务，也有ToC业务。近两年，随着互联网电商的兴起，公司一部分传统线下的销售业务也在快速向线上转移，在各大电商平台都建立了自己的销售渠道。

ToC和电商业务的一个共同点是都面临激烈变化的外部环境，消费者需求和市场营销打法层出不穷、目不暇接。在这样的环境下，企业必须做到与时俱进、灵活应对，才有可能立于不败之地。在两年多的时间里，我们企业在管理层的带领下，实现了比较成功的组织转型，不但适应了这种不确定性，也取得了不错的业绩。企业各种经营指标较两年期实现了大幅提升，也实现了董事会提前制定的目标。

回顾这两年的经历，我发现，凡是成功的组织，都善于在不确定性中抓住那些确定的东西，通过强大的组织定力，坚定不移地为实现自己的目标而持续努力。以我们企业为例，虽然外部环境充满了不确定性，但是，我们始终相信产品升级、技术领先、人才密度、组织提效这些确定的东西是不会变的。所以，整个企业所有工作也始终围绕这些确定性而展开，以确定性对抗了不确定性。

除了组织，在个人层面，以确定性对抗不确定性的定律也是成立的。今天的职场人同样面临着比以往更多的外部压力：35岁退休、大规模裁员、行业衰退、AI取代劳动力等成了新闻中的热词。在这样的不确定性下，如果缺乏个人定力，就很容易迷失职业发展的方向，陷入混乱，进而丧失大好的个人发展良机。

而事实上，无论外部环境如何变化，个人也同样可以坚持那些始终具有确定性的东西：提升技能、拓宽视野、储备知识、锻炼身体，这些都是个人很容易去做的事情。只要能够坚持抓住这些确定性，那么，当下一次风浪袭来之时，个人也可以做到"不管风吹浪打，胜似闲庭信步"。

从2020年到2022年，在这两年多的时间里，我坚持思考，坚持输出，

序

把对工作、职业和未来的各种思考，化成了一篇又一篇的文字，再经过精心修改和打磨，这才有了今天这本《确定：不确定时代的人力资源实战技法》。未来，无论你在组织进化还是个人发展中遇到困惑时，我希望本书都能够成为你可以借鉴的帮手。

天下第一好事，还是读书，衷心希望本书的阅读能够给你带来愉快的体验。

范珂

目录 CONTENTS

企业文化篇

成功团队的文化密码 003

阿里与奈飞的文化有哪些相似之处 007

西贝管理文化访谈笔记 013

关于特殊时期企业文化建设的一些思考 017

从特斯拉的员工手册看组织文化 023

企业文化的变与不变 027

如何塑造团队信任，谷歌的研究告诉了我们这些事实 032

华为 HR 实践中那些顺应人性的巧妙做法 036

字节跳动公司参访实录 041

没有规则的奈飞文化 046

做好五件事，落地企业文化 060

组织发展篇

后疫情时代，如何像奈飞一样招聘人才 069

站在都江堰上重新认识"深淘滩、低作堰" 073

五个"坚定不移"与精简组织 077

向华为的朋友取经 081

闲读《汴京之围》，思考组织建设　087

如何做组织变革？这三本书的作者能给你带来启发　091

我的敏捷组织转型经历　095

以确定性来对抗不确定性　103

透过杜邦分析法看 HR 如何为组织提效　108

让"保持组织活力"不再是一句空话　114

 薪酬绩效篇

薪酬倒挂的难题该怎么破　123

销售奖金中的常见问题及解决方案　129

如何制定组织的年度人力预算　134

关于组织绩效管理的年终思考　140

数据分析篇

人力数据分析为什么火　149

人才盘点项目的成败用什么指标测量　153

人效分析的前置指标有哪些　159

只研究成功案例容易翻船，教你一个小方法　163

细说组织人效的提升　167

聚焦关键指标，提升组织效率　179

亚马逊公司的经营分析会　183

复盘月度经营分析会　189

突破 HR 传统框架来思考如何提升人效　192

如果只关注几项关键人力数据指标，你会选哪几项　197

在财报季，HR 应该关注财报的什么内容　203

个人发展篇

一位资深 HR 总监的职业心路分享　219

在家办公如何提高工作效率　222

科比与一万小时定理　227

以何种心态来对待我们每天不得不面对的工作　230

新工作第一个月的复盘笔记　235

别管位置好坏，先跳上火箭再说　240

谈谈新工作一年之后的感受　243

当裁员降薪来临时　248

选择留在一线城市央企还是去三四线城市民企做 HRD　252

企业文化篇

一个组织的人才可以被挖走、产品可以被复制、专利可以被窃取，唯有文化是无法被拿走的。任正非曾经说过：所有的生意终将死亡，唯有文化生生不息。今天，越来越多的中国企业开始意识到文化的力量，因为只有强大的组织文化才是企业可以实现长期可持续发展的根本保障。

成功团队的文化密码

湛庐出版社的老师寄给我一本《极度成功》*The Culture Code*。一打开书就有一种停不下来的感觉，利用出差时间一口气把书读完了。

该书作者对马刺队、皮克斯、海豹突击队、Zappos 等成功组织做了大量研究，同时对比那些失败的组织，提炼出了这些成功团队的文化密码。

这里我想分享该书中给我印象最深刻的三个小故事。

NBA 功勋教练的故事

NBA 有一支常胜球队圣安东尼奥马刺队，球队教练名为波波维奇。有体育记者曾经设计了一种算法，计算自 1979 年以来，哪名教练领导的球队赢下了不是纯粹凭球员球技而获胜的比赛最多，结果波波维奇排名第一。

后来的美国国家篮球队教练也正是波波维奇。那么，波波维奇领导团队取得成功的秘密是什么呢？

故事发生在 2013 年 6 月，马刺和另一支球队共同进入 NBA 总决赛，争夺联盟总冠军。比赛采用七局四胜制。马刺当时已经领先一场，再赢一场就将获得他们的第 5 个 NBA 总冠军头衔。在本场比赛前，势在必得的马刺队预订了当地一个著名饭店，准备赛后庆祝夺冠。

当离比赛结束还有 28.2 秒时，马刺队依然以 94:89 领先，就在所有人认为冠军非马刺莫属的情况下，对手实现了奇迹般逆转，最后通过打加时赛以103:100赢得了比赛。马刺原以为十拿九稳的胜利成为NBA历史上最悲催的失败。

这个结果让所有人懊恼，大家很自然的想法是取消原定的庆祝聚会。此时此刻，如果你是球队教练，你会怎么做呢？

波波维奇的做法：他让每个人按原计划去饭店。自己和助理不但提前到达，还亲自替球员点好了他们喜欢的红酒和美食。然后，他来到大门口，热烈拥抱每一位进来的球员，并在席间和他们每一个人亲切地交谈。

在那个晚上，马刺的每个人都忘记了失败，大家开始打破沉默，重新互相联结，又成为一支团结拼搏的球队。

一个成功团队的领导，一定是善于凝聚团队的人，特别是在团队遭遇失败和挫折时。

复盘的力量

复盘这个概念最早来自美军的一个决策工具——行动后回顾（AAR，After Action Review）。复盘不是单纯的事后总结，而是要最大限度地挖掘事情真相，以便更好地指导下一步行动。

美军为行动后回顾设立的原则是：建立一种可以应用到未来任务的共享思维模式。

当人们可以自由自在地聚在一起分享自己的经历和错误时，他们便能影响到他人，还能产生一种让每个人共同工作、发挥团队最大潜力的群体意识。

美军实施突袭行动、击毙本·拉登之前，在本土设立了模拟本·拉登藏身之处的营地，让突击队员们反复演练。每一次演练过后，队员们就会聚在一起复盘，反复讨论，搞清楚刚才哪里出了问题、下一次如何做到更好。

2011年5月11日，海豹突击队长途奔袭，从阿富汗飞到巴基斯坦境内抓捕本·拉登。行动刚开始还比较顺利，但一架直升机在接近目的地时发生了意外，飞机因侧翻而损毁。尽管出现意外，但突击队员还是有条不紊地按原计划快速完成了任务。

为什么在发生严重意外的情况下，大家依然可以不受干扰地将计划顺利实施？原因在于平时大量的复盘已经让所有人对后来的困难有了充分准备。

如何复盘？这里是一份有效的复盘问题清单：

- 我们预期的结果是什么？
- 我们实际的结果是什么？
- 形成结果的原因是什么？
- 下一次我们会做哪些同样的事情？
- 下一次我们会做哪些不一样的事情？

同时，作为团队领导，要确保在复盘过程中为所有团队成员营造一种安全氛围，让每个人可以毫无后顾之忧地发表自己的观点，哪怕是反对意见。

我曾经有一个互联网公司的客户团队，"复盘"已经成为其团队的一种文化。每次完成一个活动或项目，现场就会有人提醒大家："都先别走，我们一起来复个盘。"然后所有人聚在一起，认真、热烈地去分析刚完成的任务。

信念的作用

大家都知道价值观对一个组织来说很重要。但是，价值观到底有多重要？如何体现？下面这个故事可以让我们认识到价值观的力量。

著名医药公司强生公司（J&J）的一份文件以书面形式列出了组织的价

值观：

- 我们的第一责任是对医生、护士、患者、母亲和父亲以及所有使用我们产品和服务的人们负责。
- 为了满足他们的需要，我们所做的每一件事都必须是高质量的。
- 我们必须持续努力来降低我们的成本从而维持合理的价格。
- 我们必须要及时准确地服务消费者的订单。

1982年，美国芝加哥市有人因为服用了被人恶意下毒的强生产品——泰诺胶囊而死亡，当时死亡案例已达七例，市场陷入一片恐慌。强生面临的问题是：如何处理全国市场上正在销售的其他泰诺胶囊产品？当时中毒案例仅发生在芝加哥地区，其他地区尚未发现任何异常，而且FBI也不建议将胶囊回收区域扩展到全国。

但是，强生最终决定对全国市场上的泰诺产品进行回收，总计耗费1亿美元。强生为什么会做出一项耗资成本如此巨大的决策？强生管理层认为这正体现了公司价值观的第一条："对医生、护士、患者、母亲和父亲以及所有使用我们产品和服务的人们负责。"

这就解释了价值观对于组织的作用：当所有组织成员面临复杂选择时，价值观可以正确指引所有人的思想和行为。

阿里与奈飞的文化有哪些相似之处

周末在成都参加破立大课的年度大会，有幸现场聆听了阿里巴巴新商业学院何兵权院长关于《组织制胜的阿里之道》的精彩演讲，引发了我的共鸣。

特别是在企业文化方面，阿里和奈飞原来有如此多的共同之处。我在现场做了一些笔记，现在将其整理出来分享给大家。

人才管理的第一责任人是管理者自己

奈飞企业文化的三个核心理念之一是：人才管理的第一责任人是管理者自己。在奈飞，招聘经理在招聘时会自己主动去搜寻人才、谈 Offer；员工绩效不佳时，招聘经理会自己主动去谈离职，而不是把这一切工作甩给 HR。

奈飞甚至对公司战略提出口号：战略即文化，文化即战略。二者浑然一体。

阿里文化中有一条为雌雄同体、人事合一。就是说业务管理者本人既要管事，也要管人，缺一不可。阿里对 P9 以上级别的管理者提出了 4-3-3 的要求，即管理者要花 40% 的时间关注业务，30% 的时间关注人和团队，30% 的时间关注文化。在年终绩效考核时，也会按照这样的时间分配比例去考核管理者。

反观其他企业，往往是人和事两张皮：业务管理者只关注业务目标的实现，其他凡是跟人相关的甄选、绩效、发展等工作统统交给 HR。这看上去似乎分工合理，其实存在很大的隐患。

为什么优秀的公司都会提出管理者而非 HR 才是人才管理的第一责任人？

因为管理者本人是每天拥有最多时间和下属在一起，并对员工的工作和职业发展最具有影响力的人。业务目标的实现需要依靠身在其中的每一个人的努力，没有合适的人，一切业务目标的实现都是空谈。

所以，管理者为了成功实现业务目标，自己就应该当仁不让地成为人才管理的第一责任人。

假如今天你所在的组织中依然存在业务管事和 HR 管人的现象，那么要想提升人才管理的效率，不妨先从管理者的定位开始入手。

鼓励试错，拥抱变化

那些伟大的企业都有鼓励试错的文化。出现错误没有关系，重要的是敢于试错，然后从中吸取教训，为后面的创新积累经验。

杰克·韦尔奇年轻时曾是通用电气下属一家工厂的厂长，有一次工厂因为搞实验出现了失误，发生了一起爆炸，屋顶都被掀翻了，好在没有人员伤亡。第二天，负责这块业务的总裁要求韦尔奇到总部去和他面谈。在去总部的路上，韦尔奇已经将辞职信打好了腹稿。结果到了总部，出人意料的是，总裁的第一句话并不是责备，而是问他："你从这件事中学到了什么？"

当初阿里投入巨资做社交产品，最终被马云寄予厚望的"来往"败给了微信。但是，这个过程锻炼了队伍。多年后，做"来往"的同一批人，实现了王者归来，成功推出了"钉钉"。今天的钉钉已经拥有了上千万家企业用户。

如果阿里没有一种鼓励试错的文化，后来就不会诞生钉钉。

奈飞曾经在公司发展早期因为看好流媒体技术的未来，把传统 DVD 租赁业务和流媒体业务切割开来，以便公司将注意力放在后者身上。因为市场认为新业务前途未卜，对其非常不看好，最后导致奈飞股价一路暴跌，从 40 多美元一路跌到了 5 美元左右。

创始人哈斯廷斯后来在回忆这段经历时说，当时公司几乎面临着生死考验，差一点就从市场上消失了。但是，哈斯廷斯并不后悔当初的决策，他总结为：过于激进的创新可能会带来严重的后果，但你并不能因此而试图避免犯错，固步自封。

要实现成功创新就需要给员工足够的空间，让他们可以自由发挥。为了达到这个目标，奈飞文化中有一条原则为：场景管理而不是控制（Context, not control）。意思就是管理者只需让员工清楚自己所处的场景，剩下的事情让他们放手去做，不要控制、搞细节管理。

哈斯廷斯曾经分享过，《纸牌屋》的剧本最早由下属呈报给他审阅时，他花了半个小时就批准了。在解释为什么这么快就能做出如此重大的决定时，哈斯廷斯认为，既然给了下属场景，就要相信他们的判断。

阿里又是如何鼓励创新的呢？在最新公布的阿里价值观（新六脉神剑）中有一条为：唯一不变的是变化。对于这条价值观，阿里是这样解释的：改变自己，创造变化，都是最好的变化；拥抱变化是我们的 DNA。

从 1999 年做电商到 2004 年做支付宝，再到 2009 年做云计算，一直到后来布局大文娱，阿里一直在向我们诠释什么是创新，而这也正是阿里战略思考的底层逻辑之一：自己来创造风口，而不是跟风去追随风口。

只招聘比自己更优秀的人

招聘是一个企业人力资源工作中最重要的环节。招聘解决的是人的入口问题，一旦招来了优秀人才，后面很多工作的实现便水到渠成。

但凡那些成功的企业，都是在招聘方面投入了比别人更多的资源。

奈飞对招聘的重视在《奈飞文化手册》一书中体现得淋漓尽致：除了只

招聘最优秀人才之外,公司还提出了"全员参与招聘、永远处于招聘状态"。

奈飞认为,招聘并不是简单地筛简历和安排面试,它是每一个管理者最重要的工作。对于管理者而言,招聘的意义上升到"搭建一支优秀的人才梦之队"。

人之天性是希望招来一个不如自己的人,这样的人"好管理"。试想,如果公司每一级管理者都招入一个比自己水平低的人,长此以往,这家公司的人才水平只会不升反降。

阿里对招聘的要求是:每一个新招人员,水平要超过团队现在的平均水平。阿里还提出:管理者永远不要去和下属比专业度。那管理者应该比什么?比眼光、格局和胸怀。

谷歌公司也有"管理者招人必须要超过管理者自己"的要求。在亚马逊公司甚至有一个奖项,叫"提高标准奖"(Bar Raiser Award),意思是每一次招聘都应该为公司的人才标准带来一次提升。

亚马逊甚至希望每一次招聘都能让老员工感受到:"很庆幸我当年被招进来了,如果以今天的标准再来应聘,我可能就达不到公司要求。"

绩效管理最重要的是过程

绩效管理最重要的环节从来都不会是最后给员工打一个绩效分数,而是整个过程管理。

奈飞拥有一个跟很多企业都不一样的底层逻辑:奈飞认为公司作为一个组织,不应该是家庭,反而更像职业球队。为什么不是家庭?因为员工绩效不好时,你必须辞去这名员工,而你是绝对不会对家人这么做的。

职业球队是什么类型的组织形式?团队中每一个人都是经过精挑细选的顶尖人才,大家聚在一起是为了共同创造出了不起的成绩。如果哪一天有球员达不到要求，球队会第一时间将其撤下，替换上更合适的人选。

这看上去可能让人觉得很残酷，但这正是那些高绩效组织能够及时完成优胜劣汰、随时保持最佳状态的前提。

职业球队又是如何管理球员绩效呢？每隔10场比赛，球队教练就会收集和分析每个球员的数据，然后坐下来给球员一一反馈，指出其问题，并给出相应建议，帮助球员及时纠正失误和提升成绩。

反观很多企业，绩效管理只是在年初制定一个目标，年底根据这个目标来给员工考核打分，中间的过程管理完全缺失。如果是等到最后才来做绩效管理，弊端是显而易见的：第一，对员工不公平，因为某些问题假如可以及早发现并提出，员工也许还有纠正的空间；第二，假设绩效欠佳，事情已经发生了，事后管理也无济于事。

阿里提出，绩效管理最重要的环节是过程，中间会不断通过目标通晒、中期复盘、主管面谈等环节来追过程。阿里还要求在做绩效评估时，管理者不能给员工"惊喜"。什么"惊喜"？就是没有过程管理，最后突然告诉员工一个考核结果，这是大家完全不能接受的。

如果做好了过程管理，最后再做结果评估，就不容易出现那些让管理者头疼的事情。

绩效管理的结果应用

我见过太多的公司，口头上讲公司是高绩效组织文化，但是到了结果评估和奖金分配时，又变成了大锅饭。

奈飞则用一句话点出了文化落地的关键：一家企业文化的真正落地，是体现在对什么样的人嘉奖以及让什么样的人离开。这里其实讲的就是结果应用：绩效好的人得到公司嘉奖，而绩效差的人要受到惩罚——差的程度轻一些的人少拿奖金，更差的则直接走人。

只有这样做，才会让员工真正相信公司的文化和价值观不是挂在墙上，而是实实在在落在地上的。

阿里在绩效结果应用方面有一句名言为：奖要奖得心动，罚要罚得心痛。阿里坚决反对在利益分配上摊大饼、撒胡椒面。举个例子，如果团队获得了一笔10万元奖金，你该如何把钱分配给每个团队成员？这事如果发生在阿里，很有可能是绩效贡献最大那个人分到5万元，第二名分3万元，第三名分2万元，其他人则为零。

曾经读过一篇文章，说华为绩效最好的员工获得的奖金是绩效一般的员工的三倍。后来我有机会到华为参访，向他们的HR当面求证这个问题时，HR笑了，说可能三倍都不止呢。

做好绩效结果的应用，真正做到奖优罚劣，才是企业文化落地的关键。这样的组织，才会让绩优者感到有激励，让平庸者感到有压力。

 结语

有人说组织文化是一个组织能够取胜的秘密武器。组织的专利可能会被别人窃取、产品可能会被拷贝、人才可能会被挖墙脚，但是它的文化却很难被拿走。

阿里和奈飞都是非常成功的企业，它们的文化理念也早已不是秘密，但又有几家企业能真正学到它们文化之精髓呢？

如何打造出自己独特的高绩效组织文化，是每一位管理者需要思考的问题。

西贝管理文化访谈笔记

朋友圈有人分享了一本新书名为《西贝的服务员为什么总爱笑》，正好我的一位 HR 朋友在西贝工作。我问她这书写得如何，她很干脆地回答："这书你别买了，我送你一本。"

出于对西贝这家公司的好奇，我后来专程去拜访她，这才有了下面的访谈笔记。

服务文化

西贝的名字来源于公司创始人，创始人名字叫贾国龙，将"贾"字上下一分拆就成了"西贝"。

做餐饮的西贝属于服务业。众所周知，服务业成败的关键源自服务客户的每一名员工。员工每天面对客户，如果哪天自己心情不好，客户体验也不会好到哪里。

所以，西贝要抓服务文化，首先就是从抓员工体验开始，从员工衣食住行的每一个细节开始。

在上海，西贝为员工租了公寓，两三人一个套间。以上海的物价水平，光员工房租就是一笔不小的开支。

公司每天有专人检查员工宿舍，饮水机是否干净、被褥是否及时换新等都会被纳入考核的范围。

员工餐是员工体验的另一个重要部分，公司同样会定期检查员工餐是否可口。

以上考核内容会计入管理者的绩效，如果考核不达标，将根据绩效进行扣分。

西贝强调管理人员对每一名员工的关爱。其中，对店长（每家餐厅的最高管理者）的一项能力要求是对营运现场的感知能力。

店长在现场要具备一种眼观六路、耳听八方，可以随机应变的能力。尤其是对于服务人员的工作状态，店长需要随时掌握，根据情况及时做出调整，确保每一名到西贝的顾客都能获得良好的客户体验。

绩效管理

曾有一篇文章很受欢迎，题目是《俞敏洪：提成工资制是"毒奶"，新东方差点被它害死》。文章讲的是新东方上市后，曾为了拉升股价，不顾一切地追求高收入和高利润，从而忽略了教学质量、讲师培训和产品设计等需要较长时间才能产出业绩的工作，因此失去了顾客的信任。

后来，新东方创始人俞敏洪将所有校长关于收入和利润的考核指标通通取消，转为主要考核教学质量、讲师水准和顾客的满意度。最后，废除了以纯结果导向为目标的新东方反而取得了更好的业绩。

今天，在西贝的身上，我们看到了同样的绩效管理做法。

并且很惊讶地发现，西贝针对店长的绩效考核内容中居然没有包括餐厅收入、利润和费用等量化指标。除食品安全、生产安全、菜品标准等硬指标外，其余的就是客户满意度。

换句话说，西贝对管理者的绩效考核主要是以过程为主，而非结果。

西贝的绩效管理理念很简单，如果考核利润或费用，店长就很容易在菜品质量上做文章，克扣成本，从而降低客户体验；相反，如果客户体验好，就容易收获好的口碑，吸引更多客户来西贝消费，收入自然会得到提高。

西贝的绩效考核还有一个与众不同的地方：即拥有一支庞大的绩效裁判队伍。裁判会不定时地出现在每一家门店，对店里的服务质量、运营水平和客户体验打分。

裁判来自每一家不同的事业部，而来自各家事业部的裁判会交叉打分。每一家事业部既有机会给别人打分，也会被别人打分，这样做就确保了考核流程的公平公正。

如果出现两家事业部的裁判相互勾结的情况怎么办？不用担心，公司后台会有详细的运营数据监控，并且拥有一套内部举报制度，问题一经发现，责任双方就会被追责，责任人也将面临被解雇的风险。

薪酬激励

和绩效制度相一致的是西贝的薪酬激励制度。用阿里的一句薪酬激励理念来概括就是："奖要奖得心动，罚要罚得心痛。"

门店基层员工实行的是计件工资制。除了保底工资以外，绩效工资按服务的顾客人数计算，服务的人数越多，这部分收入越高。

同时，绩效工资还与客户满意度评价有关。如果员工获得客户好评，绩效工资可以翻倍；反之，客户不满意就可能导致员工绩效工资为零。

门店管理层实行的是年薪制。除工资之外还有额外的奖金。此外，店长以上级别的管理者有机会成为事业合伙人，获得门店的分红。

门店管理层自 2022 年开始实施一套特别的奖金制度：以多家门店为一个单元，以季度为一个考核周期，每家门店在初期拿出运营收入的一个百分比构成总奖金池。

期末按照门店的考核分数排名。排名结果从高到低，按一定比例强制分布为 A+、A、B、C 和 C- 五档。A+ 和 A 档的门店分享奖金池里的奖金，剩下三档的门店没有奖金，C 和 C- 档的店长还要面临下岗的风险。

西贝正是靠这种比赛机制，形成了各门店之间你追我赶，将"要我干"变成了"我要干"的团队氛围。

运营标准

西贝的运营标准之高，是另外一个让我感到震撼的地方。

西贝给自己定下的唯一市场对标对象是海底捞。和海底捞稍有不同的是：海底捞推的是服务战略，而西贝推的是产品战略（好吃战略）。

基于这样的产品战略，西贝内部拥有多达百人，包括资深厨师和食品工程博士组成的导师团队，以此来研发菜品。

西贝对所有原材料有极高的挑选标准，且在菜品烹制过程中不使用任何添加剂。

以西贝最受欢迎的羊肉为例，这些羊肉都来自内蒙古草原吃草长大的羊，而非饲料喂养的羊。

厨师通常是餐饮业中的重要一环，很多餐饮企业最担心的就是自己的厨师流失到竞争对手那里。但是，西贝通过打造一个强大的运营平台体系，保证了产品的竞争力，把厨师个人的重要性占比降低了。因此，即便发生了厨师流失的情况，公司也不用太过担心。

关于特殊时期企业文化建设的一些思考

新冠疫情期间，大多数企业会遇到类似问题：目前这个非常时期该如何削减人力成本？

没错，当企业遇到经营困难时，第一时间想到的就是削减成本，先确保能活下去。经验告诉我们，在各项经营成本项目之中，最容易减掉的就是人力成本。

裁掉一个人，马上就能省掉一笔工资和社保开支，更不用说与人相关的其他办公费用和管理费用了。

但是，仔细一想，事情真的这么简单吗？有些HR同学绞尽脑汁、完全陷入了如何削减人力成本的思维，而忽略了其他对HR来说可能更为重要的任务。

当然，不排除一部分企业因为现金流已经陷入了极大困境，人力成本的削减必须作为一个任务优先项处理。但是，也不排除还有相当一部分企业，至少在短期内活下去还不成问题，那么我认为它们更应该思考的是：如何利用好这个非常时期，加强企业自身的文化与价值观建设？

估计有一些人不同意这种说法。但是，通过以下几个方面的阐释，也许你会同意我的观点。

特殊时期，组织最需要做的是什么

作为一名人力资源顾问，在2019年，我接触了大量的企业，有外企、民企，也有国企。你知道它们面临的、相似度最高的问题是什么吗？缺人，缺优秀的人。

外面的人才招不到，内部的人才又留不住。每一家企业都恨不得自家HR有一套独特的技能，既能迅速招来优秀人才，又能把企业文化搞得有声有色，留住那些积极敬业的员工。

作为公司的HR，当前这个特殊时期可能正是你发挥自身优势，做好上述工作的一个重要机会。

特殊时期，组织最需要做的是什么？

我认为最重要的一条是组织的领导者不仅要稳住阵脚，还要稳住所有员工的军心。同样地，HR们天天说自己懂人，不正应该在这个时候发挥优势，充分为领导者们提供支持吗？

领导力原则中有一条重要原则叫亲和力原则，就是说人和人的交流，通常是感情先于离职。员工只有先被你打动，然后才会心甘情愿地来追随你。

前不久，西贝餐饮公司的董事长贾国龙给公司发了一封全员信，在我看来，贾董事长绝对是运用亲和力原则的一个高手。

大家都知道，现在受到冲击最大的当属餐饮业，西贝方面也说，现金流只能维持三个月。那么，在这个极度困难的关头，贾董事长最关心的是什么呢？

在《致西贝所有伙伴的一封信》中，贾国龙这样写道：

请大家一定要好好照顾自己，保障自身的健康安全。我们的干部更要带好头，做好一切防护措施，不能有一点马虎和放松警惕！在岗位上要保证每位伙伴得到防护，在宿舍里要保证每位伙伴生活好，休息好。比起生意，我更关心咱们每位伙伴是不是安全，是不是还满怀信心与热情。

这是一封真情流露的信。在信中，作为老板，贾国龙并没有过多提及生产自救、削减成本，而是把重点放到了对每一位员工的健康关爱上。

领导者的亲和力原则并不是需要你随时随地去跟员工嘘寒问暖，而是像贾国龙这样，在关键时刻看你是不是将对每一位员工的福祉关心放到了第一位。

众所周知，西贝是餐饮业近年来发展起来的一家非常成功的企业。我刚好在疫情暴发前不久还写过一篇文章，里面讲述了西贝独特的员工关爱文化（西贝管理文化访谈笔记）。现在看来，这种文化真的是体现在他们领导者平时的一言一行之中。

相信每一位读完这封信的读者，都会被信中的真情实意打动。疫情过后，这样的公司还怕吸引不来优秀的人才吗？身在其中的人还会舍得离开吗？

"非典"时期阿里巴巴的文化力

阿里巴巴公司市值在 2020 年 1 月 10 日突破 6000 亿美元。

6000 亿美元是个什么概念？它意味着阿里巴巴公司市值已经超过脸书（Facebook），成为美股市值第五大公司，仅次于苹果、微软、亚马逊和谷歌。

阿里巴巴公司正是在"非典"之后快速发展起来的。如果你看过阿里巴巴公司 HR 当时在"非典"期间的做法，你就会明白这家企业今天为什么能取得如此成功。

阿里巴巴公司的企业文化与价值观创始人之一、前人力资源负责人关明生最近的一篇回忆文章中写道：因为当时有一名员工疑似"非典"，所以很多阿里巴巴公司员工不得不回家，一边自我隔离、一边工作——

  这个时候我做什么呢？彭蕾给了我所有员工的电话号码。我就在香港的家里，用一个固话、两个手机，每天打几百个电话给员工家里说：你好，我是Savio（关明生的英文名），现在情况怎么样，等等。他们说：我们行的，我们现在怎么怎么样。

  这个就是我能做的事情，这个时候，不能指挥，不能监督，这个时候一定要给大家鼓劲，给大家加油！

  （阿里巴巴公司的成功）我认为最重要的还是基本功，就是平时的文化价值观建设，这是大家认同的使命、愿景，只有这样才能保证公司有坚定的团结与凝聚力，团结就不会害怕。

  当时这篇文章下面有很多留言，很多人说：这样的企业文化简直太棒了，如果能去这样的企业工作就好了！如果组织里面有这样的领导者和执行这样的企业文化，等危机过去之后，就不用担心招不到最优秀的人才了。

加强文化价值观建设不是喊口号，重在落实

  加强文化价值观建设不是喊口号，同时还需要很多抓手。除了前面提到的帮助负责人关爱员工、稳定军心之外，HR还能做些什么突破性的工作呢？

  2020年2月12日，中央指导组领导陈一新在武汉的一篇讲话稿给了我很多启发，觉得做HR的同学们完全可以借鉴这篇讲话稿的精神，将其应用到自己当下的工作中去。

  这篇文章中提到要尽快落实六项举措，我选取了其中最关键的四项，并附上点评。

1. 启动火线提拔干部工作

今年要作为优先提拔的对象，在火线中选拔战将、猛将，真正把"官帽"用于激励更多党员干部在战"疫"中冲锋陷阵、拼搏奉献。

点评：华为在干部用人方面有一条原则：猛将必发于卒伍，宰相必取于州郡。意思是要坚决地从成功的实践中去发现人才和提拔人才。

没有什么机会比现在这个时刻更加考验人。在现在这个特殊时刻，工作中敢于挺身而出、积极奉献、坚持在一线的员工，在未来的人才盘点、人才发展和晋级加薪中应该获得公司的资源倾斜，这些员工正是组织在文化价值观中最应该树立的榜样。

2. 实行指挥部嘉奖机制

指挥部对重点工作要实施通报制度，创设指挥部嘉奖令，对每一项工作的先进典型及时给予嘉奖。每项重点工作嘉奖前六名、通报批评后三名，做到奖惩分明。

点评：《奈飞文化手册》中提到：很多公司都有价值观宣言，但通常这些纸面上的价值观模糊不清并为人忽视。一家公司真正的价值观体现在哪些人获得了嘉奖或者哪些人被惩罚上。没有相应的奖惩，文化被吹得天花乱坠也无人相信。

成功的激励机制有一个原则，就是要有及时性。发现好的行为及时给予奖励并兑现，比起事后奖励，能更显著地激励当事人，也能更成功地带动其他员工。

3. 推动机关干部下基层

市级领导要靠前指挥，不仅要下到区，还要下到街道、社区，在一线推动工作落实。现处战时状态，机关部门可以探索"二二制"，二分之一干部在机关上班值守，二分之一到基层网格工作。

点评：现场有神灵。丰田有一个现场管理原则，就是管理者在做决策时，不能只坐在办公室里拍脑门决策,而是必须亲自到现场查看问题以充分了解整个情况再定。

越是在这样特殊的时刻,管理者在条件允许的情况下,越建议下沉到基层,和一线员工同甘共苦。这样做比在办公室里发邮件、打电话带来的激励作用要大得多。

4. 重视"2+1"群体的关爱工作

"2"是指医务人员和警察,"1"是指街道社区工作者。千方百计安排好轮换调休,还可以考虑在精神和物质上给予更多关怀和激励。

点评:成功的领导者原则是平衡好工作监督与关爱个人之间的关系,要善于和员工建立起自己的亲和力。一线员工在辛勤奋战,HR和管理者大力要搞好后勤保障,在精神和物质上为员工提供及时支持,让员工在工作上没有后顾之忧,这也是良性企业文化的一种体现。

寒冬终将过去,春天终将到来。

从特斯拉的员工手册看组织文化

网上出现了一份特斯拉的员工手册。名字也很有意思，叫《反员工手册的员工手册》。

《反员工手册的员工手册》内容不多，一共就四页。如果你希望从里面找到特斯拉是如何做内部管理的，可能会比较失望，因为里面基本没有太多细节。

读完后感觉：手册表面上好像没讲太多管理，实际背后蕴藏着一种管理哲学。这种哲学非常类似于奈飞在企业文化中公开表述过的"Context，not control"，即前文中提到的给场景，而不是控制。

听起来有点深奥，到底该怎么理解？

简单解释就是，充分信任每一个员工，给他们足够的空间，不要在管理细节上去过多地控制他们。

这种理论背后的逻辑是：如果人们能够获得足够的信任，他们便会用一种最强的自驱力和最敬业的工作态度去争取成功。

所以，你会看到无论是在特斯拉还是奈飞，人力管理制度近似没有。一般公司常见的考勤制度、休假制度、报销制度等，这里通通都没有。

今天，这种给场景而不是控制的管理文化在很多互联网或创新公司中非常常见。据媒体报道，字节跳动在公司内部推行的也是这样一种文化。

一篇文章中提到：字节跳动内部的文化理念是多提供Context，减少

Control。管理和决策不是要通过单纯地发指令，而是在内部最大限度地保证信息透明度，让决策相关人先充分了解周围的场景，然后凭自己的判断去做出决策，这样也能够极大地提升效率。

外部人士是不是会认为在这样的公司工作很轻松？没有那么多条条框框的约束，想休假休假、想报销报销。然而，事实并非如此，这种"无招胜有招"的环境其实给人的压力更大，对人提出的要求也更苛刻。

曾有个咨询公司的朋友给字节跳动做过项目，他说在字节有一个很独特的管理手段，即凡是总监级别以上的员工在新入职的第一周，上级都不会布置工作目标。第一周结束之后，新员工自己向上级提交工作目标和工作计划。

潜台词是，员工需要在这第一周里，自己主动去找活儿干。去了解公司的使命愿景战略、约谈相关的同事、了解相关项目的进展，然后判断自己该做哪些事，直到做出一份自己的工作计划。当然，如果这些不能完成，也说明他不能胜任现在的职位。

听到这里，是不是觉得原来没有控制的环境比有控制的环境压力更大？

无独有偶，特斯拉的这份员工手册上也有类似的表述："你有责任去了解公司对你工作职责的期望。你的经理应该向你解释这些信息。如果任何时候你不清楚，可以去问。但是，'没人跟我说过'决不能成为这里的一个借口。"

特斯拉公司的工作压力如何，暂时无从得知。不过可以看一下在奈飞工作的压力。奈飞将自家的企业文化叫作"高绩效文化"，也就是身在其中的每个人都要全力去争取最高的绩效。

奈飞虽然从来不在公司内部搞绩效结果的强制分布，但是会在每年的任何时刻对公司的管理者做一次"保留者测试"。管理者要问自己一个问题：如果一名下属想离职前往其他公司，你是否会极力挽留他？

如果你不想挽留他，说明他的绩效并无出色之处，你需要请他及时离开（附上一笔离职金），然后另请高明。而那些碍于情面、明明觉得不该挽留员工但又狠不下心来的管理者，最后使自己成为牺牲者，被奈飞要求离开。

所以，在这种无控制管理环境下，对员工的要求更高，只有那些高度自律的员工才更适合。那么，问题是如何能招到高度自律的优秀人才呢？

奈飞把这样的人叫作"成年人"，就是指那种心智成熟的人。为了招到这样的人，奈飞可谓不惜一切代价。魔鬼在细节，关于奈飞是如何招聘，有兴趣的同学可以参考本人翻译的《奈飞文化手册》一书。

字节跳动也是在人才招聘方面不遗余力。张一鸣曾经在一次公开分享中提到，字节跳动业务增长的关键是让优秀人才的密度超过业务复杂度的增加。他将此总结为"和优秀的人做有挑战的事"。

我觉得他们之所以能够做到无控制管理，是因为懂得两个最基本的道理：

第一，招聘的人足够优秀。优秀的人是不需要用太多细节去管理的。因为这些人很优秀，素质很高，都有 Common Sense，所以可以对他们充分信任，接下来就可以让他们放飞自我、发挥创造力。

第二，优秀的人才可以自我吸引。最吸引那些优秀人才的因素，不是薪酬、福利或办公室环境，而是是否能够和与自己同样优秀，甚至更加优秀的人一起共事。这样可以让自己能够持续成长，变得更优秀。

那么，是不是任何一家企业都可以去做这种无控制的管理文化？

这里需要注意一个前提：无论奈飞也好、字节跳动也好，它们的核心业务都是关于技术创新方面，需要的是创新类人才，而创新最大的障碍就是各种束缚。

特斯拉虽然是汽车制造商，但也把自己定位为一家做创新的科技公司。它的"员工手册"第一段话就说："我们是区别于其他高技术公司的一家高技术公司。"为了解决自动驾驶问题，马斯克前不久还在社交媒体宣布要在自己家中举行一场黑客马拉松。

所以，如果企业属于非创新行业，考虑搞这种反传统的管理方式就需要特别谨慎。

当然,无论什么行业,像奈飞、特斯拉、字节跳动那种追求优秀人才和高绩效的企业文化原则,都是值得学习和借鉴的。

企业文化的变与不变

在 2020 年的"阿里日",我以《奈飞文化手册》译者的身份,应阿里巴巴公司正雄老师的邀请做客阿里巴巴西溪园区,和阿里新商业学院刘国峰院长及前阿里巴巴政委欧德张老师做了一场关于企业文化话题的直播。

奈飞和阿里巴巴都是今天实力雄厚的科技企业,能将两家公司的文化放在一起做一些比较,也是非常有意思的一件事。我一直对阿里巴巴企业文化非常认同,之前还写过一篇文章来比较奈飞和阿里巴巴文化的异同。

这次难得有机会深入阿里巴巴内部,和拥有多年经验的阿里巴巴管理人员一起讨论文化这个话题。一个半小时的直播,收获颇多。

另外,在参加当晚活动之前,还有机会和另一位阿里巴巴员工坐下来畅聊了一个小时关于文化的话题,应该说从官方和非官方渠道都获得了一些关于阿里巴巴文化的宝贵信息。

在直播最后,我对刘院长和张老师提了一个问题:从最初的独孤九剑到今天的新六脉神剑,阿里巴巴文化的变化和不变分别是什么?

两位老师回答说:阿里文化不变的,是文化相对于公司的重要性,以及文化与时代和业务的接轨;而变化的,则是阿里巴巴文化在不断迭代内容,也在不断用年轻人更能够接受的风格来呈现文化。

和阿里巴巴一样,奈飞文化经过十几年的演化,也始终存在一点不变的东西,就是对 Power 的认同和尊重。英文版《奈飞文化手册》的原名叫

Powerful，我将这里的 Power 理解为人的"原力"。

也就是说，公司文化从骨子里始终相信每一个员工都是有原力的，而这种原力会从内至外地驱动每一个员工去追求卓越，以最高标准完成每一项工作。同样地，也正因为相信员工有原力，所以奈飞会把每一个员工叫作"成年人"，并对他们实行"无规则"管理。员工也没有辜负公司，帮助奈飞成为今天美股科技股的"四剑客"之一。

再来看看奈飞文化中有哪些变化的东西。

奈飞文化一度被简单地写在 100 多页的 PPT 上，就是那份号称"硅谷管理圣经"、被下载超过千万次的《文化集》。有人很不解地问《奈飞文化手册》的作者帕蒂：为什么这么重要的一份文件，就简单地写在一份 PPT 上，连一点多余的美化都没有？

帕蒂回答说：文化就是要不断演进的，奈飞的文化也是经过了十几年的演进才成为今天的内容。公司之所以将其做成人人可以修改的 PPT 格式，就是不希望让人误认为文化是一成不变的，而是每个人都可以去不断修改和不断完善的。

阿里巴巴在文化进化方面做得怎么样？其中有三个方面令人印象深刻。

拓宽自我边界

阿里巴巴的"新六脉神剑"价值观中有一条叫"今天最好的表现是明天最低的要求"，其中的一条行为要求是：不满足现状，不自我设限，打破"不可能"的边界。

为什么很多伟大的公司到最后都没落了？不思进取、固步自封是一个关键因素。奈飞从一开始的 DVD 租赁商，到后面的流媒体运营商，再到原创节目的制作商，每隔一段时间就迎来一个第二曲线增长，让公司牢牢地占据市场领先位置。

同样地，阿里巴巴经历了从一开始电商领域的淘宝天猫，到金融领域的支付宝，到科技领域的阿里云，再到现在的大文娱，每一个跨领域的新机会都给公司带来了新的增长点。

为什么有的公司总能抓住市场稍纵即逝的机会？我和一位阿里巴巴员工的聊天内容也许能够带来一些启发。

她之前所在的公司属于外企，工作还算比较轻松。但是公司被阿里巴巴收购之后，工作明显变得更具挑战性了。她认为收购前后的变化，主要在于阿里巴巴会要求员工不设边界去尝试各种各样的新方法、新思路。以前认为不可能的事情，现在也能够开始去做了。

如果每个员工都能用这种不设边界的思维去做事，这大概也能解释为什么阿里巴巴总能在进入一个新领域之后做到一流的水平了。

开放

多年前，我随同中国一个企业代表团到硅谷访问谷歌。谷歌总部是一个不设围墙的开放式园区，任何人都可以进去晒太阳或喝咖啡。只要有谷歌员工陪同，你可以到办公室里的任何地方参观。也是在那次参观中，我见识到了传说中的谷歌食堂福利，以及非常彰显员工个性的办公工位。

奈飞也是一家非常开放的公司。公司文化里的开放甚至到了让人瞠目结舌的地步：奈飞会鼓励公司员工经常出去面试其他的公司。这样做会带来两个好处：让员工随时知道自己在外面的受欢迎程度，以便可以更好地保持灵活的头脑并学习新技能；另外，也让公司了解员工的市场价值，可以更好地给他们支付有竞争力的薪水。

再看阿里巴巴，今天的阿里巴巴文化也变得更加自信和开放。阿里巴巴希望自己的文化能够不断吐故纳新、与时俱进。

我的朋友以自己的亲身经历告诉我，以前的阿里巴巴园区外人是不允许进入的，但是今天外人也可以进入园区，甚至可以到阿里巴巴的办公室去参观。这次阿里巴巴能够邀请我去参加活动，一起讨论另外一家公司的企业文化，正是它开放性和包容性的一种体现。

从平凡的人到非凡的人

刘院长和张老师都有提到阿里巴巴文化的一处细微变化：以前叫"平凡的人做非凡的事"，而现在叫"非凡人，平凡心，做非凡事"。为什么会有这样的变化？因为今天招聘的人才和以前相比越来越优秀，但是再优秀的人，进来也要保持一颗平凡的心，然后努力争取做出一番大事。

相信大家都很好奇，为什么阿里能够做到"良将如潮"？这些良将都是如何培养出来的？

聊天时，我也把这个问题抛给了朋友。她的第一反应是想到了"非凡人，平凡心，做非凡事"。她认为，阿里巴巴的文化很强大，每次招入一名新人，无论你之前背景多么辉煌，阿里巴巴总能够通过文化熏陶让你归零。而一旦产生了这样的空杯心态，人就很容易对事物保持谦卑，同时积极去学习新东西，个人的快速成长也就变得非常容易。

奈飞文化中也有类似的特点。公司号称打造的是人才"梦之队"，对这些业内的最顶尖人才，公司一样要求他们保持学习、不断进步。在奈飞有一句广为人"诟病"的口号：即便你达到公司要求，也有可能送你一笔补偿金请你走人。意思是，仅仅达到公司要求的绩效标准并不能成为你的最高追求。一旦你的表现不及你的同事，你依然有被淘汰的可能。

优秀的企业文化就是要鼓励和培养其中的每一个成员创造出高绩效。而创造高绩效的前提，就是企业文化能够帮助身在其中的每一个人先归零，然后不断学习、不断创新。

结语

德鲁克曾经说过：文化可以将战略当早餐吃掉。任何一家伟大的公司，背后必然有一种强大的企业文化做支撑。企业文化会一直坚守初心，保持企业创立之初就有的那些最核心的因素不变。但同时，这些文化也会随着时间流逝不断与时俱进。

无论奈飞还是阿里巴巴，其文化建设进程中的变与不变，都为其他企业树立了榜样。

如何塑造团队信任，谷歌的研究告诉了我们这些事实

信任是什么

美国《外交政策》在 2020 年 4 月 15 日刊发了一篇文章，比较中美两国的抗疫表现，其中总结了一个国家抗疫成功最重要的一个因素：信任。文中所指的信任包括民众对政府的信任、政府对民众的信任、民众之间相互的信任。

文章认为，正是党派之间的不信任、州政府对联邦政府的不信任、政客对科学家的不信任、民众人与人之间的不信任（疫情来临时的疯狂抢购）等各种因素叠加在一起，导致了今日美国疫情的严重局面。

文章列举了一组数据：超过 80% 的中国受访者和近 65% 的韩国受访者表示，他们相信自己的政府会照顾他们的健康。在美国，这一比例只有 44%。

信任对国家的重要性如此，对一个组织同样如此。我最近读了一些书籍和材料，里面都不约而同地讲到了信任在一个成功组织中所起的关键作用。

"完美团队"背后的关键因素

2012 年，谷歌的人力数据分析团队曾经做过一个项目，项目名叫"亚里士多德"，旨在寻找那些"完美团队"背后的关键因素。

对于这个命题，大部分人会认为一个完美的团队最重要的因素，是其中

每个成员的个人特点，比如：人的性格、技能、背景、风格、脾气等。

然而，谷歌在分析了公司内部数百支团队之后，发现团队里有那些特点的人并不能对团队的成功起到决定性的作用。

而"亚里士多德"项目最后发现了五大因素是"完美团队"背后的关键因素：

- 心理上的安全感：每个人可以安全地发表意见，团队成员之间可以相互毫无压力地做一些冒险之事，可以相互激励
- 可靠：每个人可以按时完成高质量的工作
- 结构和澄清：每个人都清楚知道自己在团队中的职责
- 意义：每个人都理解自己工作的意义
- 影响：每个人都可以看到自己工作对团队目标的贡献

以上排在第一位的心理上的安全感，讲的就是组织的信任。无独有偶，在《极度成功》一书中，作者在调研了ZAPPOS、皮克斯、马刺队、海豹突击队等顶尖团队之后归纳出了打造团队的三大因素，排在第一的也是创造安全感。

这里所说的安全感不是那种可以在公司干到退休的安全感，而是你有不同意见可以很放心地提出，不用担心遭到压制或打击报复；团队成员之间可以彼此充分依赖对方，甚至向对方提出一些小小的"出格"要求也没关系。

我最近总在思考一个问题：团队建设究竟应该对事不对人，还是应该对人不对事？

企业的核心在于人，而团队建设的核心在于凝聚人心。如果能先把人的问题解决好，后面事的问题也就容易解决了。

如何建立信任

信任既然对组织如此重要，那又该如何建立呢？我认为以下四点是必不可少的：

1. 领导者的以身作则

领导者的高度决定了团队的高度，建立信任也应该首先从领导者自己开始。

阿里 2019 年颁布新的价值观"新六脉神剑"，其中提到了对员工价值观行为的考核。具体方法就是对行为逐项打分，有就是 1 分，没有就是 0 分。

曾和一位阿里的朋友交流过，她详细介绍了她所参与的这个打分流程：公司的 HR 负责人当着全体员工的面，逐条给自己打分，然后每一条都拿出来和大家讨论，对自己的打分尺度尤其严格。

领导都能做到对自己的严格要求，一般员工也就没有可顾虑的了，信任就是这样开始建立的。反倒是那些己所不欲、偏施于人的领导，是难以获取下属信任的。

2. 信息透明

德鲁克说过，经常出现的管理问题，源自身处组织层级制度节点上的管理者，掌握了大量下属所没有掌握的信息之后，靠信息的不对称性来树立自己的权威，管理他人。这些管理者最终成为组织中问题的症结所在。

所以，优秀的组织会通过组织扁平化、信息充分透明、淡化岗位层级观念等方式来避免内部信息流通不畅。以谷歌为例，公司创始人在长达 10 年的时间里坚持每周五召开全员大会，会上除了最机密的法务信息之外，什么信息都可以分享，什么问题都可以问。

奈飞和字节跳动的"Context, not Control"也属于这种理念。相信员工的判断力，多给他们提供场景和信息，最终结果让他们自己来判断。不担心他们做出错误决策，只担心他们事先没有获得充分的信息。

3. 鼓励多元化的文化

这里的多元化，不只包括人的性别的多元，还包括组织内部是否容忍不同的意见。

优秀的创新公司对多元化都极为重视。皮克斯电影公司专门有一种拍砖机制：每部新片出来之后，公司就会安排专门的"智囊团"会议，邀请公司其他专业人员参会，用一整天时间给影片的导演和其他制作人员提意见，其中大部分要是负面反馈。皮克斯的电影屡获成功，跟这种反馈机制是分不开的。

那么，如何确保每个人都能毫无压力地提出反对意见？奈飞的创始人哈斯廷斯在一次演讲中分享了他的做法：公开奖励或表扬那些提反对意见的人，让他们意识到这样做是非常安全的。

4. 展示完整的自我

我认为这一点在现实的工作场景中很容易被忽略。哪怕在工作场所，也没有人愿意和一个永远只谈工作的人打交道。如果一个领导每次跟你见面，一上来说的永远是工作，你会认为这样的领导没有人情味，更谈不上和他建立信任了。很多互联网公司在新员工入职后，会搞一些团建活动，就是希望每个人展现出自己在工作之外的另一面，为将来在团队内建立信任打下基础。

《成就》一书讲述了一位帮助苹果和谷歌成长的伟大教练的传奇人生。这位教练叫比尔·坎贝尔。书中提到，比尔是一位非常善于在团队中建立安全感的人，而他的诀窍之一就是永远在鼓励每个人做最完整的自己。

比如，比尔在周一早上主持公司会议时，从来不会直入工作主题，而是要先问问大家周末过得怎么样、家人怎么样，之后大家就会在一种非常轻松和充满信任的氛围下开始讨论问题；再比如，他会鼓励非洲裔的女高管在公司穿自己最舒服的衣服，因为只有当你成为你自己时，人们才会开始信任你。

每个人都是完整的人，有工作也有生活，只有当大家展现出自己完整的一面后，才更有可能相互间建立起真正的信任。

华为 HR 实践中那些顺应人性的巧妙做法

目前市场上与华为人力资源管理实践相关的书和文章很多，我自己也曾亲自探访过华为，和其 HR 团队有过深入交流，对华为 HR 实践有一些了解。但是，将《华为团队工作法》一书读完，依然有耳目一新的感觉。

众所周知，最好的管理一定是顺应人性的，且能够挖掘出一个人的最大潜力。书中内容给人印象最深刻的是华为针对人性所做的各种巧妙设计，将很多在其他企业眼里不可能解决的管理难题变成了现实。

本文尝试从华为是如何通过顺应人性来做管理的这个角度，对书中一些亮点做一些总结和分享。

继任者人才培养

继任者规划项目是令很多公司比较头疼的一个问题。大家都知道关键岗位做继任者规划非常重要，但是现实中又会面临岗位现任职者意愿度低的难题。正常人都会想，假如给自己培养出一个继任者，那自己岂不就该下岗了？所以，公司里比较容易看到一种现象：一方面公司大张旗鼓地做继任者规划项目，另一方面在职者总是态度消极、敷衍了事。

华为将对后备人才的培养和领导者个人成长与利益联系起来。第一，华为在公司制度中明文规定：对于中高层管理者，如果不能培养本岗位接班人，那么永远不能被提拔；第二，将人才培养效果作为考核干部领导力的一项关键指标。

通过这样的安排，管理者为了自己职业生涯发展着想，自然就把人才培养当作自己的一项重要工作。

关于后备人才培养，我还见过一些更加巧妙的做法。比如，阿里巴巴采用"隔代带班"制。领导者不是不情愿给自己培养继任者吗？那就让他们培养自己下属的继任者。如果每一级领导者都这么做，组织就可以在所有层级培养出一支人才梯队。

海底捞的做法也有异曲同工之妙：为了鼓励优秀店长培养出后备人才，店长的浮动奖金除了来自自己门店利润之外，还能从徒弟门店以及徒孙门店利润中提取相应比例。为了让自己获得更多奖金，每个店长都会争先恐后地为公司培养出更多的优秀店长。

销售奖金的获取制

销售奖金设计在市场上通常采用两种方法：第一种是提成制，销售人员按照销售金额的一定比例提点，卖多少、提多少；第二种是目标奖金制，公司提前制订好一套综合的销售目标，一旦业绩达标，销售人员便可按比例获得奖金。

这两种方法在现实操作中都不同程度地存在一些弊端：提成制比较适合销售人员单打独斗的工作特性，一旦销售属于团队作战，如果只有销售人员享受提成奖金，势必会极大挫伤后台人员的积极性；而如果采用目标奖金制，又该如何设定合理的销售目标？如何在销售和后台支持人员之间分配奖金？也会面临比较大的挑战。

华为做法比较特别，叫作奖金"获取制"，意思是团队能够获取多少，就享受多少。觉得它更像是一个"提成制+综合目标奖金制"的结合体。当然，这里的提成不是个人提成，而是整个团队的提成。

它的具体运作方式为：整个团队（包括前端和后端人员在内的整体）按照综合目标的完成情况从当年利润中提取一定比例，形成一个奖金包。所有人员的奖金都在这个奖金包内分配。这就把所有的人绑在了同一条船上。如果个人想要获得比去年更高的奖金，那么只能做大分子（增加利润）或者减小分母（减少人数）。

相比于提成制，这种情况下大家更容易自觉地团结协作、发挥团队作战优势、帮助团队在尽可能精简人员的基础上去做大蛋糕，这样人人分享的份额才更大。这里华为也是很好地抓住了人性，把对团队的激励从"要我做"转变成了"我要做"。

TUP 长期激励

很多公司在用股权对员工做长期激励时都面临一个令人头疼的问题：如果员工拿了公司股权且公司业绩发展势头一直良好，时间一长，员工就很容易依靠这些股权躺赢。因此，如何继续激发老员工的工作热情而不是让他们躺赢，就成了一件非常具有挑战性的任务。

华为是如何巧妙地解决上述问题的呢？答案是 TUP，即时间单位计划，它也是一种现金奖励型的递延分配计划。

TUP 的具体操作方法是：如果第一年给员工配了一笔股票，全部股票收益将在之后的五年内逐渐兑现。其中，第一年没有任何收益；第二年获得 1/3 股票的分红权；第三年获得 2/3 股票的分红权；第四年获得全部股票的分红权；第五年获得全部股票的分红权+增值权，同时全部股票清零。

这种处理对新老员工都能起到一定的激励作用。对于新员工，最常见的跳槽时间发生在工作两三年之后，但 TUP 会让你觉得跳槽成本过高而选择留在公司继续待下去；对于老员工，因为股票会每隔五年清零一次，所以失去了那种躺在历史成绩上挣钱的可能性。员工要想获得高的收益，就必须一直坚持长期奋斗下去。

老员工退出机制

与很多公司把老员工不分青红皂白扫地出门的做法不同，华为在对待老员工的问题上非常人性化。华为会通过四种方法来安排为公司做出贡献的老员工：

方法一：辅业分流。老员工如果在主业岗位上不能继续胜任，可以到辅业合适岗位上，继续贡献自己的价值。华为因为公司规模大，所以也成立了搞商旅服务这样的公司，成功地分流了一批创业元老。

方法二：角色转换。老员工们从原来岗位上退下来，换一个角色，依然可以为公司发展做出贡献。比如，华为成立独立咨询公司为客户提供管理培训服务，对外输出自己的管理理念和经验。于是，一批经验丰富的老员工也被吸收进入这样的培训师队伍。

方法三：提前退休。让老员工在年满法定退休年龄之前提前退休，并发给他们一笔提前退休的补偿费。华为做法很人性，规定工龄八年以上，年龄 45 岁以上的员工，达到一定职位要求，都可以申请提前退休。提前退休的员工还能全部或部分保留公司股票。

方法四：内部创业。华为内部曾经规定，凡在公司工作满足一定年限的员工，都可以离职创业，申请成为公司产品的代理商。而且，华为还为创业员工提供专门扶持，包括提供一部分产品，以及允许员工在创业失败后一定时间内可以继续返回公司工作。

结语

以上内容只是华为诸多人力资源管理实践中的一部分缩影。华为在公司规模如此庞大的今天，在管理的一些细节上依然考虑得如此深入，令人钦佩。

得人心者得天下。华为在公司经营管理上能够深刻地洞察人性，然后顺应人性在人力资源管理领域做出巧妙安排。反观一些公司，动辄从公司利益出发采取一些简单粗暴的管理手段，最后伤透了员工的心，也把公司变成了一个负面典型。

字节跳动公司参访实录

我有机会参访了位于上海闵行的字节跳动公司总部，实地感受了这家公司的企业文化，并有机会与字节的 HR 同行们当面交流。本文是对这次参访的总结。

如果用一句话来形容字节跳动的管理特点，应该就是"Context, not Control"，这句口号也同样在奈飞的企业文化里出现过，这次更是听到了字节 HR 们对这条著名管理准则亲身践行的分享。

传统的组织管理靠从上至下管控（Control），特点是：

- 员工靠工作任务驱动
- 制定决策靠领导从上到下拍板
- 信息在组织内部流动不畅，组织对外反应迟钝
- 工作严格依靠审批流程来推动
- 员工的积极性和创造力受到严重束缚

在这样的组织中，位于最上层的领导是关键人物，也是整个组织的唯一信息接口。这就是字节创始人张一鸣所形容的"超级计算机"，也即公司的大事小事都靠唯一的领导者来决策。

相反，在 Context 环境下，上级不会对员工过度管控，员工的主动性和积

极性得到了充分的发挥。这种场景下的特点是：

- 员工工作靠自我驱动
- 团队靠发挥集体智慧的优势来制定决策
- 信息在组织内部自由流通，团队成员能够积极创作和分享信息
- 团队能够充分获取信息
- 一线团队被充分赋能和授权，对外部环境能够快速敏捷地反应

在 Context 下，人人都能接收全部信息，更多的人能参与决策，组织不再只依靠最上面的一台"超级计算机"来做决策，这就是张一鸣形容的"分布式计算机"决策模式。

今天的市场环境瞬息万变，字节用了一张时间轴线图来展示从 2014 年至今出现的各种市场机会。比如：2014 年的 O2O、网约车、P2P 等；2016 年的云计算、自媒体、共享经济、移动支付等；2018 年的区块链、智能家居、新零售等；2020 年的线上教育、电商直播、短视频、游戏直播等。

市场机会层出不穷，如果组织只靠一台超级计算机来做决策，无疑会错失很多机会。相反，分布式决策方式提高了反应速度，能保证组织及时抓住市场机会，同时降低了决策风险。

那么，字节是如何实现"Context, not Control"的呢？

内部信息透明化

要确保有效的 Context，就要保证所有组织成员能够最大限度地获得做决策应有的信息。做同样的事情，如果员工知其然，也知其所以然，会比只知道指令更有利于发挥他们的创造力。

字节很早以前就启用了 OKR，用 HR 的话来说，他们对 OKR 的实践经验可能比 OKR 的鼻祖谷歌还要丰富。创始人张一鸣每个季度会花一两天专门来构思自己的 OKR，然后将结果向全员公开，所有人都可以根据张一鸣的 OKR 来构建自己的 OKR。

此外，字节定期也有 CEO 面对面会议，员工有机会和张一鸣及其他公司高管面对面交流。这个做法，和谷歌的 TGIF 全员沟通大会极其相似。

字节也鼓励员工开展群聊：工作中遇到任何问题，三五个人可以随时随地拉个群来聊天解决，不一定需要死板地遵照流程让领导参与进来解决问题。在这种工作模式下，所有信息都可以得到充分沟通。

高效工具对信息沟通的推动

高效工具能够对提升信息流通起到关键作用。我发现，字节是仅有的几个将沟通工具的重要性提到如此高地位的公司。

为了促进员工之间的沟通，字节在历史上曾经使用过不同的沟通工具，从 Skype 到企业微信，再到 Slack 和钉钉，一直到今天字节开发的飞书。目前，飞书这个产品已经非常成熟，成为很多公司做 OKR 的标配。

根据我自己的体验，飞书不只可以用来做 OKR，也是很好的团队协作和知识共享工具，也曾把它推荐给了很多创业公司的朋友使用。

坦诚清晰的沟通

字节内部的沟通非常简单直接。除了鼓励群聊之外，还有一个方法让我们也大开眼界。

字节内部的文件汇报或沟通不允许用 PPT。众所周知，很多公司在制作

PPT 汇报文件时会耗费大量时间，字节在这一点上向亚马逊学习，禁止内部用 PPT 汇报工作，他们用的就是类似 Word 这样的文档，三五句话将主要内容用文档写出来，然后直接发给对方，其他人可以评论、可以编辑，效率极高。HR 开玩笑告诉我们，如今只有外部客人到访，才会用 PPT 做介绍。

此外，字节同事之间也不允许使用敬语，比如：XX 总、您、老板、老师、哥、姐等这样的称呼。内部沟通时也尽量淡化岗位头衔，大家更多的是根据角色分工而不是职级一起工作。

以上做法是为了让所有人在沟通时没有负担，可以充分表达意见，也方便更多有创新性的想法可以自由涌现。让每个人更加关注事情本身，而不是人际关系，这对一家创新公司而言至关重要。

组织结构和管理流程灵活

字节跳动采用分布式的网络状组织架构，组织实现了高度扁平化，管理规则和审批流程也被大大简化。各个小团队不需要层层汇报，不需要到 CEO 那里排队，可以根据自己的优势及时地适应市场需求，开发不同的产品。

因为组织扁平化，小团队被充分授权，因此这些团队都被激发出了巨大的潜能，看看字节一长串的产品名单：今日头条、抖音、Tik Tok、飞书、火山小视频、西瓜视频、瓜瓜龙英语、懂车帝、清北网校、剪映，等等，它们组成了今天字节强大的产品军团。

这些产品几乎都做到了同赛道内的国内或国际领先地位，随便拿一款出来都可以和竞争对手的整家公司单拼。这些产品看似相互之间没有太多联系，很难相信它们都属同一家公司旗下。这就是字节跳动独特的组织管理模式所带来的巨大优势，这种组织管理模式下的每一个团队都被激发出了巨大的创造力。

结语

离开字节的时候,我一直在思考:字节的企业文化与奈飞实在是有太多相似之处。奈飞的管理奥秘其实都明明白白地写在了书上,为什么有的公司就学得很成功,而有的就学不会呢?

依我的看法,组织创始人可能就是一个最关键的因素。字节能够全面、彻底地拥抱来自亚马逊、奈飞这些领先企业的文化,跟其创始人本人的决心是分不开的。过去两年中,我见过太多公司一提及领先企业的文化就摇头,托辞无非自己企业土壤不同,无法学习。

但是,字节给这些企业树立了一个榜样,它用事实证明:只要创始人本人有决心,完全可以打造出一种有别于传统模式的创新文化。

管理的核心在于解决人的问题。无论组织土壤如何,只要管理方法能够直指人心、顺从人性,把人解放出来,释放出人的潜能,就一定能取得效果。

没有规则的奈飞文化

《奈飞文化手册》出版于 2017 年，作者是奈飞前任人力资源负责人帕蒂·麦考德，这本书出版后，在世界各地的企业中引发了一股学习奈飞文化热潮。据我所知，至少在中国，很多创业公司就明确提出要学习奈飞文化，有的公司甚至要求员工人手一册学习。

这一次，奈飞创始人兼 CEO 也写了一本关于奈飞文化的书，名叫 *No Rules Rules*（中文名《不拘一格》），原书英文名直接翻译为中文叫《没有规则的规则》。如果你读过《奈飞文化手册》，相信立刻就明白了这背后的含义。

为什么大家对奈飞文化青睐有加？我认为：这种文化没有不切实际的内容，它用最朴实的语言直指管理核心，而且实行起来简单有效。比如，只招成年人、坦诚沟通、绩效为先，等等。这种文化的打造不需要过多投资，人人都可以学会。而一旦落地成功，它带来的经济回报是惊人的。

奈飞自身的成功也极大地发挥了为这种文化背书的作用。

2020 年是奈飞上市的第 18 个年头，它的股价从当初的 1 美元一直涨到今天的 480 多美元，接近 500 倍的涨幅，而同期的纳斯达克指数涨幅只有 3~4 倍。

奈飞不光股价涨幅惊人，它所制造的产品和内容同样优秀。这家公司在过去几年里收获了 300 多项艾美奖和多项奥斯卡金像奖。它所获得的金球奖提名超过任何一家网络电视媒体公司。

在过去十几年中，奈飞成功实现了三大进化：一是从 DVD 邮寄业务进化为互联网媒体业务；二是从提供别人制作的节目进化为自己可以原创节目；三是从一家美国本土公司进化为一家真正的全球性公司。

为什么奈飞能够取得如此骄人的成绩？它的缔造者，也是公司的CEO哈斯廷斯在各种场合下都将公司的成功归结于一种独特的企业文化。

哈斯廷斯用一句话来概括：奈飞文化就是一种没有规则的文化。

制定规则，是企业管理中最常见的套路。哈斯廷斯自己创业的第一家公司也是这样做的：一开始没有那么多规章制度，但是随着管理问题越积越多，公司制定出一项又一项的规章制度。这些制度最后限制了员工主动性和创造力的发挥。而当市场发生变化时，员工们已经无法主动敏捷地应对这种外部变化，这家公司最后也被卖给了竞争对手。

因此，哈斯廷斯在第二家创业公司奈飞创立伊始，就决心不能再靠流程和制度来约束员工。

每个人都知道流程和制度在管理中的重要性，一旦放弃这些规则，公司又如何确保日常工作有序进行呢？奈飞给出的答案主要是两点。

第一，人才密度。流程和制度的本意是针对那些想偷懒的员工，真正优秀的人才有高度的自驱力，他们并不需要任何外部力量来驱动自己。所以怎么确保没有那么多流程和制度，工作依然会正常运转呢？很简单，只招最优秀的人，提高人才密度。

第二，坦诚沟通。优秀的人聚在一起，相互之间可以学习到更多知识。但是，如果沟通不坦诚，就会限制他们给出能让对方改进和成长的意见。反过来，一旦所有沟通都是直接坦诚的，就容易降低沟通成本，而每一个人也更容易将帮助对方成长视为己任。

人才密度

奈飞是如何意识到人才密度的重要性的呢？说来也很偶然。2001年，互联网泡沫破裂，奈飞业务受到严重影响，也毫不例外地被迫裁员。尽管当时每个员工都很优秀，但是公司依然不得不从120人中挑选出没有那么优秀的40人裁掉。

哈斯廷斯在裁员结束后一度忐忑不安，他担心留下的员工会因为裁员而受到负激励。但是，令他意外的是，留下的这2/3的人，工作起来更有热情了，积极性更高了，工作效率也大大提高了。

从这件事情上，哈斯廷斯体会到了人才密度才是员工士气提升的最主要因素，优秀的人渴望和优秀的人一起工作，这样才会让他们受到激励，感到鼓舞和兴奋。

如果团队中大部分都是优秀的人却掺杂了哪怕1~2名表现平庸的人，就会出现以下问题：

1. 极大消耗团队领导者的精力，让他们不得不将大量时间花在这些低绩效者身上。

2. 降低团队平时工作讨论的质量。

3. 强迫其他人以低绩效者能够接受的方式来工作，从而降低团队工作效率。

4. 导致那些追求卓越绩效的员工主动离开。

5. 无形中也告诉团队，作为领导者你容忍低绩效，从而破坏了团队气氛。

坦诚沟通

奈飞对沟通的要求，除了坦诚之外，还要做到积极正面。否则过于简单直接的沟通容易伤害同事感情，无助于大家的相互协作。

有一种有效反馈的方法叫作建设性反馈，也就是在给反馈时，同时给出帮助对方提升的具体建议。比如：某位员工在会议上做演示表现得太紧张了。如果给建设性反馈，就不能只说你今天太紧张，还可以加上一个有效建议，比如：如果下次你可以在开会前提前多演练几次，就不会像今天这么紧张了。

奈飞公司内部的员工反馈有两大特点：第一，即时。任何人在任何时候发现对方的问题，都会第一时间给出反馈，哪怕对方是初次见面的那个人；第二，坦诚。哪怕这条反馈是负面的，也一定要跟你说出来，并让你知道下次该如何改进。

让员工之间做到坦率反馈并非易事，奈飞是在给员工做了大量培训和练习之后，才达到了今天的效果。奈飞用一个 4A 反馈法则来培训员工如何进行反馈：

头两个 A 是针对反馈的给予方：（1）Aim to Assist：进行反馈的目的是帮助对方改进，所以要提建设性反馈；（2）Actionable：提出的建议一定是对方容易施行的。

后两个 A 是针对反馈的接收方：（1）Appreciate：我该如何表达自己的感激之情？如何才能让自己做到不愤怒或怀有戒心？（2）Accept or Discard：你自己来判断别人的反馈，然后决定是接受还是抛弃。

没有休假和报销制度

很多人都知道奈飞管理中有一条非常独特的规定：没有休假制度，员工可以自己选择什么时间休假以及休多长时间的假。

为什么奈飞对休假如此重视？因为哈斯廷斯发现，公司历史上很多重大的创新都是在员工非上班时间创造出来的。如果一名员工把全部时间都花在工作上而没有休息的话，他是没有时间用一种全新视角来审视自己的工作的，创新也就无从谈起。

但是，如果你把奈飞的做法片面理解为谁都可以随时休假就错了。奈飞对员工休假有一个要求：个人休假不能为团队其他人的工作带来麻烦。比如，如果因为你的休假让团队其他人不得不加班加点工作，这就为别人带来了麻烦。

奈飞为员工提供充分的场景（Context），然后再让他们自己来做出判断和决定。比如，经理会提前和员工讨论哪个时间段比较适合休假，以及什么时长的休假符合团队利益。另外，员工也有义务在休假前留出足够的时间来让经理安排相应的工作。

在员工费用报销方面，奈飞要求与休假统一：没有报销制度，员工可以自由报销。

奈飞在制定员工报销制度时曾经历了一个有意思的过程。一开始，公司向员工提出要求：像花你自己的钱一样花公司的钱。但是后来却发现，有的员工花起自己的钱来就是大手大脚。于是，报销原则后来又修改成了以符合奈飞最佳利益的方式来花钱。

如果有人滥用这样的报销政策怎么办？奈飞会将他们毫不留情地解雇，而且要把解雇原因在公司公开。

哈斯廷斯认为：真实的世界是灰度的，没有绝对的白与黑。同样，世界上也没有最完美的规则和流程来解决所有问题。如果有人滥用政策了，没有必要过度反应去制定更多的规章制度，只需把这些个例处理好，然后继续前行就可以。

而事实也证明，奈飞并没有因为没有报销制度而导致费用失控，员工反而在这种充分信任下更加自律地去做出自己的选择，公司也因此而极大地降低了管理成本，提升了管理效率。

向人才支付市场顶级薪水

奈飞在薪水支付这方面的做法使很多企业望尘莫及。但是，这并不妨碍我们来学习它这种做法背后的逻辑。

奈飞认为，既然招来了市场上最顶级的选手，那么理应为他们支付市场最顶级的薪水。在这里，想提醒大家的是，不要只把注意力放在奈飞支付高薪这一点上，它这么做还有一个非常重要的前提，那就是：招来的员工都是市场上最顶级的人才。

再重复一遍：为人才支付市场顶级薪水的前提，是企业已经招来了市场顶级的人才。俗话说，三个臭皮匠顶一个诸葛亮。但是，在今天的企业经营中，我们就是要用一个诸葛亮去替换掉三个臭皮匠，这样做才能保障企业能够以低成本、高效率的方式实现经营目标。

比尔·盖茨在接受采访时曾做了一个比较：一个优秀工人的薪资是一个普通工人的好几倍。但是对于今天的企业来说，对于创意类岗位，比如软件工程师岗位，一个优秀工程师带来的价值可能是一个普通工程师的成百上千倍。

因此，奈飞也把公司岗位分为了创意类和操作类，对创意类支付市场最高薪水，对操作类按照市场平均水平付薪。记得之前有篇关于华为的报道，里面也提到：华为的岗位分为业务类、技术类和操作类。业务类和技术类招募市场最顶尖人才，并按绩效表现随时淘汰达不到要求的人；操作类岗位给予员工一定的工作稳定性，哪怕员工年龄大了，也可以一直做下去。

我也联想到了自己今天所在的企业：我们做2C业务，电商和市场类岗位就属于典型的创意类岗位。行业变化快速，在这些岗位上的人，如果没有极强的学习能力和创新能力，身上的技能短时间就会过时，也很容易被新进入的年轻人超越。

而且，在现实中，我也同样发现了这种人才管理不能做简单的加减法。

一个极其优秀的人才给组织所创造出来的价值，远远超过一群平庸的人所创造的价值之和。

信息极度透明

很多高绩效组织都有一个特点，那就是内部信息高度透明，目的在于让所有员工都能掌握跟自己工作相关的信息，降低组织内部沟通成本。

奈飞在信息透明方面也毫不例外，甚至透明到了"令人发指"的程度。哈斯廷斯在公司没有单独办公室，甚至在自己开放式办公工位里都找不到一个上锁的抽屉。他认为公司所有信息都可以对员工开放，没有秘密可言，当然也用不上带锁的抽屉了。

奈飞在新加坡的办公室曾经给每个员工配备了上锁的储物柜。后来，哈斯廷斯认为这一做法不符合公司所倡导的文化原则，就下令把这些储物柜的锁通通去掉了。

另一个例子：奈飞是所有美国上市公司中唯一一家在每次公司季报公布之前，将季报财务信息向全部管理层（约700名管理者）公布的公司。这项措施相当超前，要知道，任何人收到这种信息后，都有可能转身拿到股票市场上去操作获利。

但是，奈飞把利弊跟员工讲清楚之后，仍然选择向他们分享这些机密信息，而员工们也没有辜负公司的期望。在奈飞历史上，几乎没有出现过这些机密信息被提前泄漏的情况。

奈飞有一个叫"阳光分享"（Sunshining）的政策，是指每个员工都有责任将工作信息与身边的同事分享。哪怕这项工作没有达到既定要求，你也可以跟同事做"阳光分享"：把你的得失教训和别人做毫无保留的分享，让其他人可以从你的教训中受益，避免重蹈覆辙。

哈斯廷斯有个理念：每一个员工都是成年人，他们拥有甄别信息、做出分析的能力。既然我们招来了这些优秀的成年人，我们就要相信他们拥有能够在工作中做出最佳决策的能力。而往往一个人做出最佳决策的障碍，是他们未能掌握与决策相关的全部信息。

值得注意的是，奈飞甚至在员工解职这种敏感事情上，也依然选择向团队所有人公开某个员工解职的真实原因。在现实生活中，某个员工因工作表现不佳被公司解职，通常公司会给出冠冕堂皇的离职原因，比如：个人原因或家庭原因，美其名曰保护员工的隐私。

但是，奈飞认为，即便你不去公布这些事实，最后其他员工依然会知道背后真正的原因，他们会觉得那些试图掩盖事实的管理者是如此虚伪。这样的处理方式也无法让其他员工从这类事件中真正吸取教训。

在"阳光分享"这一点上，哈斯廷斯自己也是身先士卒。只要是自己犯的错，比如招聘了一个错误的人或者做了一个错误的商业决定，他也会坦诚地与所有员工去公开、彻底地分享（Say it clearly and loudly）。

"阳光分享"的最大好处是让所有人意识到，犯错误是件很正常的事情。只有这样，每个人才敢于去冒险和试错。

公司不是家庭

网络上曾有一篇文章大受追捧，大概内容是讲一家房地产公司的后台部门比较善于营造办公室气氛，让新员工有了一种家庭般温暖的感觉。后来，这家公司董事长提出质疑，认为公司后台管理部门的职责应该是以创造业绩为重，而不是为员工营造出一种舒适的"家文化"。

奈飞的口号：我们是团队，不是家庭。

把公司当作家庭，这是很多公司文化建设中所倡导的一种观念。我之前还见过有公司把每名员工都叫作"家人"的情况。但是，奈飞认为，家庭和公司是有明显区别的：家庭成员之间的关系是恒久的，而公司和员工之间的关系只在特定时期存在；家庭成员犯了再大的错误，其他成员都需要容忍和接纳，而这样做却可能给公司带来灾难。

既然公司不像家庭，那像什么？奈飞认为最接近的一种组织形态是职业运动队。在一支职业队伍中，所有队员之间也必须相互协作、大公无私地去争取胜利。更重要的是，教练要保证每一个位置都有发挥最出色的队员，任何一个队员如果掉链子，队伍通常不会给他太多时间来改善，往往是第一时间换上一个发挥更出色的队员。

为了确保奈飞每一个岗位上都有最优秀的选手，奈飞采用了一种叫"保留者测试"（Keeper Test）的方法。具体做法是，让管理者自问自答一个问题：

如果某个下属明天要离职，你是准备拼命试图改变他的决定，还是准备接受他的辞呈？

如果你的答案是后者，你就应该考虑尽快改善这名员工的工作表现，或者直接给他一笔丰厚的离职补偿金请他离开，然后开始为这个岗位寻找下一个明星选手。

一名员工就这样看似轻易地被公司解职了，会不会特别不近人情？哈斯廷斯用了一个比喻：如果你的团队是一支奥运会的冠军球队，从这里面淘汰掉的任何一个人都不会觉得没面子。相反，因为他们来自一支冠军之队，即便他们离开之后，也会受到其他球队的追捧。

因此，你会看到，历史上那些被动离开奈飞的员工们，到了其他公司依然可以成功地做到CTO、CFO这样的高管岗位。《奈飞文化手册》作者、前奈飞首席人才官帕蒂，她也是因为个人表现与公司要求不再匹配而被动离开奈飞的，但是，这丝毫未损害她在塑造奈飞文化方面的权威地位。

奈飞对员工绩效要求如此严苛，会不会导致很多人不适应而离开？

引用一组美国媒体公布的数据：全美公司平均的被动离职率为6%，奈飞为8%，只比全美平均水平高了两个百分点；全美科技类公司的主动离职率大约为13%，媒体和娱乐行业大约为11%，而同期奈飞的主动离职率为3%~4%，远远低于全美平均水平。

这一组数据也再次说明：最吸引优秀人才的因素，是有能够和其他同样优秀的人才一起工作的环境。

一旦他们置身于这样的环境，他们很难再轻易选择离开。

极度坦诚的反馈机制

如果要实现奈飞那样"自由与责任"的文化，之前讲到的提高人才密度和提升公司信息传播透明度是两个重要前提，但这些措施还不足以保证组织里每个人能够坦诚相对。而组织成员之间能够彻底地坦诚沟通正是组织实现不断创新的第三个重要条件。

奈飞通过一套独特的反馈（Feedback）机制，鼓励员工极度坦诚的沟通。很多公司都有类似的反馈机制，比如绩效反馈或360反馈，但是，奈飞做到了极致。

奈飞的反馈机制有以下几个特点：

第一，不分时间地点，任何人可以给任何人反馈。与很多公司不同，奈飞的反馈是实时和实名的：实时反馈可以让反馈意义更切合实际，更能帮助被反馈人及时改善工作；而实名反馈，能够让同事之间产生更强烈的信任感，这和奈飞强调的透明沟通环境也是相辅相成。

第二，反馈内容需要包括：开始、停止和继续三部分内容。提反馈的人要告诉对方哪些事情还没有做，要开始去做；哪些事情做得不好，要停止做；还有哪些事情做得好，要继续做下去。

一个大企业负责人曾告诉我，他们在工作反馈中借鉴了奈飞的这套做法，要求员工提出反馈时必须按开始—停止—继续三部曲来，结果效果甚佳。以前大家不太愿意给负面反馈，现在有了硬性要求，反而更容易了。

第三，给建设性反馈。在给反馈的同时，还要包括具体建议措施。给反馈的真正目的是帮助对方提升工作效率。还记得前面提到的奈飞4A反馈法则吗？将这套法则合理运用，能够让你的反馈做到切实可行。

第四，极度坦诚地反馈。奈飞要求员工能够在反馈时直言不讳，即便一些非常负面的反馈，也要第一时间向对方提出，这种文化让一些新加入奈飞的员工感到不适，尤其是对于一些来自文化背景不那么喜欢直接沟通国家的员工，比如日本、泰国等。奈飞坚持不懈地对全球员工进行培训，实现了所有员工都能够按照公司标准坦率地给他人进行反馈。

在这个世界上人才密度最高的地方，通过坦诚反馈，你可以随时随地吸收世界上最优秀人才给你的建议，并能获得快速的职业成长。

所以，在奈飞，哪怕工作压力巨大但员工的主动离职率却低得惊人，这也就不足为奇了。

给场景而不是控制的管理

前面章节中曾提过一篇关于字节跳动企业文化建设的文章，张一鸣在文章中提到了那个原则：Context, not Control，意思是给场景而不是管控。这条原则最早是来自奈飞。奈飞在提出这一原则的同时还提出：Highly aligned and loosely coupled，翻译为中文就是高度一致和松散耦合。

这两句话高度概括了奈飞内部的决策原则：第一句话意思是，做决策时尽可能多地为员工提供场景信息，不要对他们做细节管控；第二句话意思是，组织的所有人要对战略方向形成高度一致的认同，组织内部各部门之间设计要相对独立，这样即使某个部门有变动也不至于影响全局。

正因为有这样的设计，奈飞很容易将决策权下放到一线，让大量基层员工和团队也有充分的决策自由。同时，哪怕某个决策出了问题，也不会给整个公司带来影响全局的后果。

字节跳动创始人张一鸣曾经将这种决策模式比作分布式计算机，让更多的人参与到决策中来，也可以让更多创意可以自下而上地涌现，也就让组织摆脱了只依靠 CEO 一个人做决策的局面。

当然，这种设计与奈飞的业务性质紧密相关。因为奈飞从事的是创意类业务，所以它需要充分释放出每个人的潜能，让大家在不受束缚的情况下大胆创新并及时决策。相反，如果一家企业从事的是生产制造，这类行业往往需要严格的流程管控，那么，本条原则不一定能适用。

那么，奈飞具体是通过什么途径把场景（Context）信息充分向员工沟通呢？

首先，所有向 CEO 汇报的高管团队（E-staff）会议，这是由公司最核心的十几个高管人员组成。公司会以他们为核心，向组织各处扩散传播各种信息。

其次，奈飞每季度会举行业务回顾（QBR）会议。在这个会议上，公司上百名总监级以上人员参加为期两天的会议。两天活动有两个目的：第一是就公司发展战略让大家充分沟通，确保所有人朝着同一个大方向工作；第二是就管理中出现的主要问题让大家展开讨论和辩论，并达成一致认识。

最后，CEO 本人也是身先士卒，将大量时间花在和高管们一对一沟通上，确保组织内重要信息可以畅通无阻地传播给最重要的人群。比如，哈斯廷斯每年会保证和公司 500 名总监每人安排一次 30 分钟的一对一会谈，每个季度和公司 100 多名副总裁每人安排一小时的一对一会谈。

依此计算，哈斯廷斯每年将自己至少 1/4 的时间都花在了和下属的深度沟通上面，真正做到了为下属提供充分的 context。

最后，以书中的这张插图总结奈飞的文化原则（如图 1 所示）：

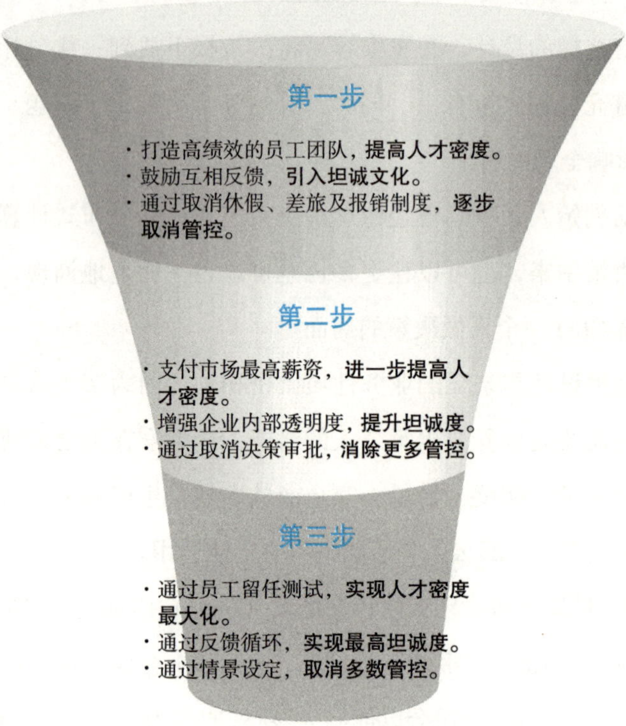

第一步

- 打造高绩效的员工团队，提高人才密度。
- 鼓励互相反馈，引入坦诚文化。
- 通过取消休假、差旅及报销制度，**逐步取消管控**。

第二步

- 支付市场最高薪资，进一步提高人才密度。
- 增强企业内部透明度，提升坦诚度。
- 通过取消决策审批，消除更多管控。

第三步

- 通过员工留任测试，**实现人才密度最大化**。
- 通过反馈循环，**实现最高坦诚度**。
- 通过情景设定，取消多数管控。

图 1　奈飞的文化原则

第一步：通过吸引高绩效人才来提高人才密度；通过鼓励大量的反馈来实现坦诚沟通；取消类似休假、报销这样的管理管控手段。

第二步：通过支付市场最高薪水来加强人才密度；通过强调组织透明和信息畅通来提升员工的坦诚度；取消更多管控手段，例如：赋予员工决策权。

第三步：通过实施"保留者测试"来实现人才密度最大化；通过鼓励全方位反馈来实现员工坦诚度的最大化；取消大多数的管控手段，实现 Context, not control。

结语

要实现奈飞这样的企业文化，高人才密度是一个大前提。如果组织招入的人选都是符合奈飞标准的"成年人"，自然就为将来实行"无为而治"奠定了基础。

同时，组织内最有权势的创始人及其他高管人员以身作则是一个关键。"己所不欲，勿施于人。"无论组织倡导做什么，高管人员如果自己都做不到，企业文化自然也就成为一句空话。

从前面内容可以看到，无论是人才招募、透明沟通还是坦诚反馈，哈斯廷斯和奈飞的高管们永远是以最高标准在要求自己，也始终是其他员工学习的榜样。

最后，奈飞实行的这套企业文化和管理机制与其自身从事创新业务的性质是密不可分的。任何希望学习奈飞文化的企业都需要结合自己的产业特性和文化基础，有的放矢地从奈飞文化中选取适合自己的元素。如果生搬硬套，不但收不到预期效果，还可能会给组织带来麻烦。

做好五件事，落地企业文化

企业文化中最具挑战性的一个环节出现在文化落地中。很多企业花大价钱，请来外部咨询机构，设计了文化工作坊，系统梳理了企业的文化词条，制作了文化宣传手册，召开了文化宣讲会。但是，企业文化落地效果始终不佳，尤其表现在员工对企业文化的感知始终不强烈上。

如何才算真正做到了文化落地？按照《奈飞文化手册》作者的标准，企业里的任何一个员工，哪怕是职级最低的员工，也应该能够准确说出企业文化所倡导的内容，以及企业文化所要求的工作优先事项。这里描述的当然是一个极其理想的场景，环顾我身边所熟悉的企业，真正能够做到这种标准的企业寥寥无几。

也有人提到，企业文化落地的首要条件是招到跟企业价值观匹配的人才。奈飞有"只招成年人"的招聘实践，亚马逊也在招聘流程中嵌入了"抬杠者"（Bar Rasier）的特殊环节，专门考察候选人与企业价值观的匹配度。这样的做法，对头部企业的招聘不成问题，但是对于大部分其他企业而言，难度不小。

想想今天的人才市场，企业能够找到一个80分的人才都已经很难了，哪里还有资本去额外要求候选人的文化与价值观行为要与企业完美匹配呢？

但以上障碍并不意味着大部分企业在文化落地方面便无所作为，我所在的企业在过去两年里，按照创始人的要求，在文化落地上做出了不少努力，对比两年前也取得了一定收效。在企业文化具体落地过程中，我认为其中有五点尤为重要。

领导者以身作则

有这样一个说法：企业领导者的高度决定了企业文化的高度。也有另外一个说法：企业文化是由企业最高领导者所塑造的。

我理解这些说法背后还有一层意义，那就是领导者本人的以身作则在企业文化落地中起着关键作用。己所不欲，勿施于人。企业文化要求员工怎么做，领导者自己就先要做到。假如员工看到领导者说一套，做一套，企业文化中宣讲的任何内容自然便失去了公信力。

我曾经见过一家企业，要求员工每天早上准时9点打卡上班。但是公司的几个高层人员，总是在上午10点才晃晃悠悠到办公室。不难想到，在这样的企业里，员工只会对管理层平时提出的行为要求嗤之以鼻。

我们的企业在过去两年中高速发展，但是创始人却没有在这个过程中忽视了对企业文化的打造。在每次我和她一对一例会沟通中，往往开头几个话题都是关于企业文化的。作为创始人，她对企业文化的感知特别敏锐，平时工作中出现的某些风气、一些员工和管理者的情绪，她总能第一时间感知到，然后来提醒HR，也会与HR探讨具体可以做些什么。

作为公司文化的塑造者，在公司成立满20年之后，她又重新带领团队对具体的文化与价值观行为做了修订。在每个季度的新人培训上，必然会预留出至少两个小时给创始人做企业文化宣讲。讲企业文化，创始人本人是最好的人选，她讲的内容包括：我们的文化是如何诞生的、公司曾经发生过哪些有文化意义的故事、企业文化对新形势下的员工行为又有怎样的要求，等等。

正是因为她的影响，我对企业文化有了更多认识。以前我会认为当文化以文字形式制订完成后，HR只需要在旁边静观其变就好了。但是，我现在意识到，领导者除了关注工作事务之外，还应该有一个触角，去主动感知团队氛围和员工感受，不轻易放过日常工作中遇到的任何小细节。

以小见大，见微知著。这些日常的小细节往往决定了企业文化落地的成功与否。

政策制度的落地

《奈飞文化手册》的作者说过这样一句话：企业文化与价值观最好的落地方式是看企业最终奖励了谁和惩罚了谁。企业奖惩制度涉及员工们最关心的切身利益，因此也成了体现文化精神的一个核心环节。

奖惩制度范围覆盖了人力资源流程中的招聘、激励、绩效、晋升等多个环节。对于重视企业文化落地的企业而言，制订每一项政策时，都应该问自己一个问题：这项政策是否体现了企业文化中所倡导的精神？没有政策制度的保障，企业文化很容易就成了挂在墙上的口号。

我们企业倡导高绩效的企业文化。所谓高绩效，就是鼓励员工设立高目标、完成高业绩。相应地，我们在薪酬和绩效制度中提倡高绩效员工和其他员工的高差异化，确保高绩效的人一定比其他人获得更多的资源和机会。

2021年结束之后，我们分析了各部门实际年终奖获得率，发现某主要业务部门的A类员工实发奖金系数约为2.0，B类员工的奖金系数为1.4，而C类员工的系数则只有0.8左右，这就在奖金发放这一重要环节上实实在在地落地了公司的高绩效文化。

再比如，我们按照高绩效企业文化的要求，对员工晋升流程加以改进。以前的晋升基本全凭领导一句话，员工们对此多有诟病，在全员调研中普遍反映的一种意见是认为晋升流程不透明、不公正。经过流程改进，在员工晋升评估中不但加入了直属领导结合个人绩效、能力模型和价值观行为的评估，还有其他同事的360度评估；最终的晋升名单（经理及以上级别）在全公司公示三天后方能生效。经过一番改造，员工们对公司晋升制度的认可度直线上升。

关键事件的传播

除了制度保障，让企业文化从口号落到现实的另一个方法，是让员工们看到自己身边鲜活的案例。我们小时候在学校里，老师都会表扬好人好事，同样地，企业也需要从一系列关键事件中发掘体现企业文化精神的好人好事。

这样的精神奖励带来的好处是，对企业而言，无需付出太多的成本；对员工本人而言，可以激发他们自身的自豪感和内驱力；对其他员工来说，更是方便看到身边的榜样，让他们觉得其实成为一个体现出企业文化精神的优秀员工，距离自己并不遥远。

我们企业针对企业文化设置了不同的奖项：全年有优秀员工、优秀新人、优秀干部、优秀团队的评奖；每个季度有优秀个人和优秀干部的评奖。这些评奖的标准在很大程度上取决于员工行为是否很好地体现了企业文化所倡导的精神。

比如，在最近几次获奖的员工当中，有人因为对样品质量细节的严格要求，连夜驱车上百里前往供应商工厂做监工；有人在疫情封控期间不顾个人安危，想尽办法把产品送到客户手中；还有人在疫情期间，放弃与家人团聚，主动请缨连续数周吃住在工厂，确保生产供应的及时保障，等等。

类似的关键事件，除了在大会上予以表彰之外，还会被整理成文字稿和视觉图，在公司内网和大屏上二次传播；优秀榜样的力量是无穷的，而这些获奖者，也很容易在未来的奖金和晋升上，获得比其他人更多的机会。

日常活动组织

除了关键事件外，公司组织的日常活动也是落地企业文化的好机会。好的企业文化建设，不应该是一种一次性的活动，而是应该成为日常的、持续的活动。最终的效果，让文化像弥漫在人四周的空气一样，员工可以随时感受到。

企业日常举行的大大小小活动会很多，如果不留意，这些机会很轻易地就流失掉了；反之，如果对这些机会加以利用，让每一次活动都可以映射出企业文化的精神，那么它就可以成为一种可持续发展的良机，帮助企业文化植入人心。

一说到文化活动，很多人第一时间想到的是团建。团建自然是一种体现文化的好机会，但问题是，一些企业所组织的团建活动（包括我自己曾经组织过的活动）只是在单纯追求好玩或团队合作，并没有真正去思考这些活动和企业文化主旨之间到底有什么联系。

我们企业曾经组织了一次干部的团建活动，当时大家的创意有很多，吃饭、打球、徒步等均在考虑之列。但是，创始人提了一个要求，希望这次团建能够突出我们高绩效文化的主题。最后，我们选择的活动是登泰山。泰山位列五岳之首，孔子登泰山而小天下。通过登顶泰山，这不正好能够体现出一种我们企业文化中强调的高目标、高绩效的精神吗？

再比如，我们企业文化强调人文关怀、以人为本。我们平时也有一些公司活动或仪式来体现这个重点。公司每两周会在周一早上召开全员晨会，会议开始前全体高管分列电梯间迎候员工，并且需要对抵达的每一个人大声问候"早上好"；每年春节前后，公司会举行仪式，向员工父母颁发一笔孝顺金，感谢他们对子女的养育；遇到重大节假日，公司高管要前往全国各地，走进市场、巡视产品、了解竞品、慰问当地员工；"618""双十一""双十二"

等电商节期间，公司为晚上加班的员工提供丰盛夜宵，营造热烈的工作氛围，高管们会走到每个加班员工的工位上发红包，鼓励大家。

这些活动都属于小细节，投入成本也不高。但是，公司长期坚持做，给员工带来的感受度就很好。在连续两年的文化调研中，员工们都提到了人文关怀是他们最喜欢公司的原因之一。

文化调研

企业文化做得好不好，除了主观感知，还需要一个客观的衡量指标，答案就是文化调研。在我们企业，这个工具是员工的敬业度调研。

文化调研的好处，第一是相对客观，员工通过打分来评估企业文化，从分数的前后对比中可以看出企业文化的变化趋势；第二是有助于识别问题，通过分数发现企业文化中相对薄弱的环节，便于后续开展改进措施。

有的企业会通过外部咨询公司来做文化调研，请外部公司的好处是可以获得别人数据库中的数据，从而了解自己的调研得分和市场其他公司之间的差距。出于成本考虑，我们企业自己设计调研题目，独立开展调研。虽然没有市场数据可比，但是从自己历次的调研分数变化上，也可以看到某些比较明显的变化趋势。

文化调研要成功，还有一个重要因素，就是确保每轮调研后，公司一定要及时跟进有针对性的改进措施。否则下一次调研，当员工看到之前反映的问题并无任何改善时，自然就会对调研敷衍了事了。

在过去两年里，我们一共完成了三轮全员敬业度调研，三次得分分别是81.9、84.1和89.2。为什么分数能够有较大幅度提升？我们分析有这样几个方面：

首先，领导重视。每次调研结束后，分数靠后的部门负责人自觉脸上无光，如坐针毡，于是主动和 HR 一起探讨可以采取哪些措施来提升员工敬业度。有的领导者甚至把提升敬业度分数写进了自己的 KPI。领导者对提升团队文化的作用永远是第一位的，他们的时间花在哪里，哪里的工作自然就能够看到起色。

其次，跟进措施。我们的敬业度调研是平均每半年做一次，前后间隔六个月，如果中间没有可持续的跟进改善措施，指望靠做一两件事就能提高下次的分数，基本上是不可能的。持续改进的牵头部门是 HR，针对每轮敬业度调研暴露的问题，制订半年度计划，协同业务，每周跟进，直到最终完成计划。

比如，在之前调研中，员工们集中反映的一个问题是：看不到绩效表现和自己收入之间的联系。我们采取的措施包括增加绩效培训、绩效宣讲；在年度调薪和奖金发放中拉开绩优员工和其他人的差距；在晋升方面更加强调绩效的占比，等等。后来，同样的问题成为调研得分提升最高的问题。

最后，公开坦诚。每一轮的调研结果，我们会向员工据实报告，也会把管理层制订的改善措施公开，以便接受员工们监督。这类沟通既有公司全员的沟通，也有分部门的沟通。让员工清楚公司有勇气暴露问题，也有行动在尽力解决问题。这样，即便某些问题无法完美解决，员工也能理解公司的努力。

结语

企业文化落地非一日之功，也非靠搞几次轰轰烈烈的活动就能实现。文化落地需要企业高层带头，持续地将文化融入每一天、每一件事的细节中去。

于无声处听惊雷，于无色处见繁花。通过文化建设，让员工从最平凡、最普通的地方感受到不平凡的东西，这才是企业最希望看到的。

组织发展篇

组织发展是一项系统工程,在乌卡时代打造一个高绩效组织,需要的是战略眼光、业务思维和全面思考的能力。组织如个人,也随时需要去除冗余、抵抗熵增、保持精进,这样才能跟得上快速发展的时代步伐。

后疫情时代，如何像奈飞一样招聘人才

自从做独立咨询顾问以来，我接触了各行各业、大大小小的公司。如果你问我，这些公司面临的共同问题是什么？答案只有一个，就是如何招人，如何招聘优秀的人。

疫情期间，很多企业开始缩减规模。HR们讨论最多的一个话题就是如何减员增效。按说市场上机会少了、人多了，这个时候招人会易如反掌吧？然而，以我过去两个月走访企业以及几乎每周被猎头和HR朋友电话"骚扰"、希望介绍候选人的经历来看，人才依然不好招。

出现这种现象的原因也很简单：一方面，企业减员，自然减掉的都是能力和业绩不够突出的人；另一方面，市场机会减少，人才也宁愿安于现状、以静制动，不再积极寻求外部机会。两个因素一叠加，人才就更难招到了。

为了找到更适合的人才，也许，我们可以从奈飞的做法中获得一些启发。

永远在招聘

我认识的一家中小型企业面对疫情主动出击，开始搞"全员营销"。公司每个员工包括HR、财务等后台人员，人人都有销售指标，冲到业务一线。据公司负责人介绍，这种非常招数还收到了奇效。一些非销售人员也拉到了自己的客户，把单子做得风生水起，所起的"鲢鱼效应"把本来身处前线的

公司业务人员也激发起来了。

奈飞将同样的方法用到了招聘上，实行"全员招聘"。奈飞有一个口号，叫"永远在招聘"，意思是为公司招人，是每一个员工，上至 CEO 下至工程师的头等任务。

为什么要这么要求？因为奈飞深知，只有不断地增加人才密度，公司才有可能实现指数级增长。而要做到这一点，只靠 HR 招聘远远不够，高层首先要以身作则。所以，你会看到，奈飞 CEO 会利用周末时间上网去搜简历，然后亲自打电话给候选人做面试。

而奈飞其他员工也同样做到了"永远在招聘"。即便他们去参加一个非工作场合活动，也随时在琢磨：今天周围遇到的人，有没有一个适合我们公司的人才？假如没有，他们认识的人里面有没有一个这样的人呢？

求贤若渴、日思夜想，这也是曾国藩对人才的态度。曾国藩曾经说自己对人才"梦想以求之，焚香以祷之，盖无须臾忘诸怀"，意思是自己每天做梦都想找到人才、每天焚香都在祈祷找到人才，无时无刻不在记着这件事。这不就是一种"永远在招聘"的状态吗？

很多公司抱怨招不到人才，我认为这是一个伪命题。假如公司每一个人，上至 CEO 下至普通员工，都能拥有像奈飞和曾国藩这样"永远在招聘"的思维，招聘还会是难事吗？

使命愿景招聘

很多公司，尤其是初创公司，在招聘上面临的另一大问题是：面对人才，无法支付高昂的薪水。这又该怎么办呢？

先来看看奈飞的做法：和大部分公司做法不同，奈飞在候选人接受最后工作 Offer 之前，绝不会和候选人讨论薪水。当然，不讨论数字并不代表完全不讨论薪酬。奈飞会和候选人分享自己的薪酬理念：给候选人支付有市场竞争水平的薪水、使用期权和现金结合的薪酬工具、对员工的期权归属不设期限限制，等等。

奈飞的招聘人员曾经做过一次公开分享，有观众问他们在面试过程中最看重候选人哪一点。他给出的回答是：热情（Passion），即候选人对奈飞这家公司、文化、产品以及所申请的职位是否充满巨大的热情。

热情往往难以伪装，真正发自内心热爱这份工作的人才会拥有强大的自驱力来做好工作，也会在薪水不是特别诱人的前提下，依然愿意把工作做到极致。

如何招到对公司有热情的人才？靠的就是公司的使命愿景。奈飞会告诉候选人，公司的存在是为了给广大用户带来幸福感，如果候选人热情不在于此，他们就应该去谷歌、苹果等其他公司。

所以，每一个招聘人员，都需要把公司的使命愿景对候选人说清楚、讲透彻，这样才能确保找到那些"对的人"。相反，如果招聘人员在招聘中本末倒置，过于陷入薪酬、福利等细枝末节，即便人可以招到，也很容易留下隐患。

招到对公司使命愿景充满巨大热情的人容易吗？当然不容易。但是，你要相信，这样的付出即使再多都是值得的。一旦你费尽千辛万苦将对的人招来，他日后一定会成为公司发展的中流砥柱。

面向未来招聘

前几天和一家公司的管理团队开会谈到招聘问题时，有一位主管说：团队内部职位已经招满，不需要再继续花时间招人了。

在很多企业的团队建设上，有一种观点就是以为现有员工可以自然成长到承担将来的责任。然而事实却是，在公司发展的每一个阶段，都会有一部分人不再胜任。对这些人的继续培养，不仅会耗费公司大量的时间和资源，还会让公司失去更多的市场机会。

解决这个矛盾的最有效方法就是招人，招优秀的人，持续不断地招优秀的人。

谷歌在招聘工作中有一项铁律：每个管理者只能招聘在某些方面比自己更优秀的候选人；阿里巴巴在招聘上也同样有一要求：团队招入新人的水平要高于团队原有的平均水平。

奈飞认为，当业务扩大 2~3 倍时，可以通过对现有人员的能力持续改进维持。但是，当业务扩大到 10 倍甚至更多时，就必须依靠招募新人实现。

因此，奈飞提出的口号是"站在六个月后的未来审视你现在的团队"：公司的每一名管理人员，需要持续地问自己三个问题，即确认团队要解决的问题、确定确认问题所需要的时间、确认能够成功解决这些问题的人选。在此基础上，用面向未来的眼光为自己招聘人才。

如果你永远都在以未来的眼光审视自己的团队、搜寻外部人才，你就不会满足于团队的人才现状，为公司打造人才"梦之队"也就指日可待了。

站在都江堰上重新认识"深淘滩、低作堰"

"五一"长假的第二天去了都江堰。多年前读过余秋雨的一篇文章《都江堰》。他认为，中国历史上最激动人心的工程不是长城，而是都江堰，因为它的规模从表面上看远不如长城宏大，却稳稳当当地为当地人民造福千年。长城的社会功用早已废弛，而都江堰至今还在为无数民众输送汩汩清流。

以前到过都江堰，但那时纯粹是带着看风景的心态。这次去，站在滚滚东去的江水面前，把它的工作原理又仔仔细细地回味了一遍，重新揣摩了凝聚着这个伟大水利工程智慧结晶的六个字："深淘滩、低作堰。"

这六个字正是后人对都江堰水利工程缔造者李冰治水方略的高度总结：

"深淘滩"就是每年因为洪水带来河道的泥沙淤积，所以一定要将因分流河水而凿开的宝瓶口河床淘到一定深度，不高不低，这样才能确保下游河水既不会泛滥又能保证灌溉。

"低作堰"是指引导河水分流的飞沙堰不宜筑得过高，这样洪水才会自动漫过堰坝，从内江排往外江。

没错，就是这么一个简简单单的道理被沿用了两千多年，保证了都江堰可以持续不断地发挥作用，也造就了今日的天府之国。

"深淘滩、低作堰"这六个字后来再次走红是因为任正非用此原则阐述了华为的基础管理哲学。在 2009 年的一次讲话中，任正非提到：

> 深淘滩，就是不断地挖掘内部潜力，降低运作成本，为客户提供更有价值的服务……低作堰，就是节制自己的贪欲，自己留存的利润低一些，多一些让利给客户，以及善待上游供应商……这是华为生存之本。物竞天择，适者生存。

而实际上，华为也是这么做的。今天华为的研发投入占销售 15% 以上，名列全球前四。长期对科研的持续投入就是在不断挖潜，这种做法保证了华为今天有底气和外国扳手腕，这就是长期坚持不懈地"深淘滩"。

任正非在华为公司持股权仅占 1% 左右，这也可以看作是一种"低作堰"：让利给所有员工，带动企业共同发展。我经常看到很多企业喊口号学华为，但是要真心学习华为，老板们先扪心自问自己愿不愿意像任正非一样只留 1% 的企业股权给自己，把剩下 99% 分给员工呢？

深淘滩

深淘滩对于组织而言就是要不断挖掘内部潜力，降低运作成本、提升运作效率，创新无止境。

在"五一"长假前，我有机会参加了一家客户的内部管理会议。这家企业主要销售高技术设备，单台售价数十万。在会议中，大家谈到因为疫情，来自客户的订单被大量推迟或取消，忧心忡忡。

我在会议上无意中了解到有部分客户的需求从设备购买转变成了投资成本更低的设备租赁或设备检测服务，于是提了一个问题：有没有可能在这个方面深度挖掘客户需求，将这块业务变成一个关键的收入来源？

大家经过讨论，认为客户这种需求可能会在未来相当长一段时间内成为常态，现在看来这真的是一个值得重视的好机会。于是当场决定将此作为一个专题，在会后继续研究对相关目标的调整以及对相关人员的激励机制。

而另一家客户，2022年在面临严峻市场形势的情况下，计划加大力度挖潜和增效，其中一项措施就包括调整对员工的绩效考核方式。一大亮点是在考核指标里增加一项"超目标"考核内容——只要员工能够对现有工作做出优化或创新，就能视作对正常绩效目标的突破，从而获得额外绩效加分。

一位朋友说，她所在集团的一家企业在疫情期间通过挖潜研发了针对新冠病毒的检测试剂，提供了"绿色通道"，并向各级医院、检测机构和疾控中心开放，从而创造了一个新的增长点。

熵增原理告诉我们，如果一个组织不能有效对抗熵增，最终将走向消亡。"深淘滩"就是组织应对熵增的一个有效手段：通过不断挖潜和创新，可以有效地帮助组织避免长年累月的"泥沙堆积"，组织也能保持灵活和高效运作。

低作堰

任正非将"低作堰"比作节制自己的贪欲，我则将它引申理解为一种真正的利他思想。

利他，不只对组织如此，对领导者也如此。杰克·韦尔奇将利他作为领导力第一原则。他曾在《赢》一书中写道：在你成为领导者以前，成功只同自己的成长有关；当你成为领导者以后，成功都同别人的成长有关。

最近有一本书比较受欢迎，书名为《成就》。书中讲了一位硅谷教练坎贝尔的传奇。他本是中学橄榄球教练，但后来却成为乔布斯、拉里佩奇等一众硅谷大佬的人生和商业导师。读完此书，我将坎贝尔一生最大的特点总结为真正的利他思想：我为人人，人人为我。如果凡事都为周围人着想，别人的成功也终将定义你自己的成功。

人和人之间、组织和组织之间的关系从来都不应该是零和博弈。如果心里始终想着如何切走一块更大的蛋糕，最后很容易损害到各方的长期利益。再看看华为是如何与客户打交道的：华为在绩效管理中，会将客户衡量业务成败的指标也列为自己的绩效考核指标。如果引导所有人先想想如何做大蛋糕，自然也能切走比之前更大的一块。

我之前在《打造无边界组织，突破能力和思维的边界》一文中曾经提到：HR自己平时也有很多合作伙伴，如果能把他们和自己放到同一条价值链中去考虑问题，共同做大蛋糕，就可以为各自带来更多的价值。

于我而言，无论是之前在甲方，还是现在做了乙方，也一直将这种思想作为自己的做事原则。找到我的朋友，无论是不是客户，我从来都是有问必答，热心帮助。跟现有客户的合作，也是不遗余力，即便时而有一些无偿付出，也从不认为是自己吃亏。

自2022年以来，几家长期客户都和我新续了合作协议，还有一家大客户计划和我扩大现有合作领域。这也许就是对自己一直秉承"低作堰"原则的一种最好的肯定。

五个"坚定不移"与精简组织

读宋志平老师的《经营方略》，其中一篇文章提到了中国建材在进行供给侧结构性改革时，采用了"五个坚定不移"的原则。读完这五个原则，不由联想到前不久和一个朋友聊的一个话题：

一个组织应该如何从人力资源建设的角度，通过组织变革来提升效率？

"五个坚定不移"原则，虽然讲的是工厂如何去产能，但也完全可以适用在组织建设中。先来看看这五条原则：

原则一：坚定不移地限制新增产能

限制新增产能，是指在供给侧结构性改革中，必须下决心、下狠心解决"边限边增"的顽症，不能再为新增产能开任何口子。

这项原则如果从组织视角来看，就是当开始精简人员时，在组织的人员规模上，首先要控制增量，这也是为什么很多企业在发生经济下行或企业增长放缓等情况后，做的第一件事就是招聘冻结——及时停止新员工招聘，也可以尽量减少后续人员的先招后裁。

不过，在以往的经验中，每当组织决定实施招聘冻结之后，总会出现个别主管为了个人利益，千方百计希望走特例为自己团队招人。如果前面留下一个"边限边增"的漏洞，后面到了不得不裁员的时候，只会给企业徒增不必要的劳动风险。

不过，值得注意的是，有的企业在这方面做得矫枉过正，将一些本来已经发了招聘 Offer 但尚未入职的候选人的 Offer 也取消，结果造成了负面的社会影响，得不偿失。

最近有一条关于谷歌的新闻：因为新冠疫情造成的经济放缓，谷歌将放缓招聘进度，同时取消本已和谷歌签约的约 2000 名合同工和临时工 Offer。好事不出门，坏事传千里。这条消息被炒得沸沸扬扬，也给谷歌这个全球最佳雇主的声誉蒙上了一层阴影。

原则二：坚定不移地淘汰落后

水泥业的淘汰落后，不仅要淘汰落后的低端产能，也要淘汰富余的先进产能。这条原则应用到组织变革上，就是通过绩效考核随时确保淘汰那些达不到企业要求的员工。

绩效考核的一个核心是考核要放到平时落实中，而不是等到年末出考评意见的那一刻，用一分钟给员工定"生死"。阿里在绩效管理中有一条原则为"不要让员工感到惊喜"，讲的就是这个道理。

绩效问题需要在日常工作中随时发现，随时处理，这样可以避免问题被拖延至年末。否则一方面增加了问题解决的难度，另一方面也加大了企业的解决成本，而这些问题往往通过提前介入都是可以有效避免的。

对于人力资源部而言，平时要做好对业务经理的赋能，教会他们必要的工具，培训他们如何追踪绩效实施、如何展开绩效谈话，以及如何进行绩效反馈。

原则三：坚定不移地执行错峰生产

在水泥行业，实行错峰生产是用来降低雾霾、保护环境和调节供需平衡的重要手段。

这次在疫情期间，很多企业，特别是生产制造业企业，在人员管理方面上也借鉴了这种做法。随着生产需求的减少，一些企业通过安排员工减少工作时长，既降低了运营成本，又避免了裁员的发生。

但是，按照我国现行劳动法规定，企业并不能单方面减少员工工作时长，因为减少员工报酬相当于单方面修改劳动合同，企业必须得到员工的书面同意方可进行。企业如果需要这么做，一定要先和员工协商一致。另外需要注意的是，企业在减少工作时长时，可以减少相应的劳动报酬，但是不得低于当地员工最低工资标准。

原则四：坚定不移地推进市场竞合

建材行业的市场竞合，是指利用好自己的资金、技术、设备、管理、经验等优势，和市场的其他伙伴展开充分的合作。

同样的原则我们也可以应用到组织建设中来。在疫情期间出现了一个新的概念——"员工共享"：线下商家把自己富余员工租赁给人员短缺的线上商家，以这种互相租借员工的方式实现自救、抱团取暖，盘活了企业的人力资源。比如，媒体报道的云海肴、青年餐厅等和盒马鲜生在这方面的合作可以看作是一个典型。

更进一步看，对于有这种员工租赁需求的企业，未来是否也考虑通过组织变革，把这部分人员真正外包出去，转为灵活用工？灵活用工可能会带来直接管理费用的上升，但也有利于企业降低用工法律风险、避免人员规模的过度扩张，能让组织始终保持灵活敏捷。从整体管理成本上来看，可能比直接聘用员工还要低。相信疫情之后，灵活用工会成为越来越多企业考虑的方法之一。

原则五：坚定不移地推进联合重组

宋志平老师在书中提到，生产制造业实行联合重组是实现实质性去产能的主要方法。大企业重组后，通过关停工厂等方法按比例减量发展，推动产销平衡，同时通过转型升级、技术创新等工作，延伸产业链，提升产品附加值，实现产品向中高端发展。

在组织变革中，对组织也可以按照同样的原则来实行重组。合并功能接近的部门和岗位、精简组织的工作流程、减少组织的管理层级、加大管理者的管理幅度，最终实现组织精简瘦身，从而可以轻装前进。

以管理的深度和宽幅为例，一个中大型企业中，比较理想的管理深度为四层，即普通员工到公司最高领导的汇报层级最高不要超过四级；比较理想的管理宽幅为 6~7，即一名管理者需要有 6~7 名下属向自己汇报。

以前我所在的一家跨国公司，仅以这么一条简单的原则对组织架构做了要求之后，立马精简掉了 10% 左右的管理岗位，很多以前只带两个或三个人的管理岗位都取消了，组织效率大为提升。

向华为的朋友取经

上周末去深圳出差，和一位久未谋面、在华为任高管的朋友一起吃饭。我把这次见面当作一个从华为"内部"人士讨取华为管理真经的难得机会。两个多小时的聊天，收获很大，特别有不虚此行的感觉。

关于华为，之前从各种书籍和资料中了解甚多，但是这次从亲历者这里听到的内容还是足以让我感到震撼。以下是记录下来的一些要点，以及后来根据自己思考补充的内容。

文化与价值观

1. 高度重视文化建设

任正非强调：华为的成功就是人的成功。任总出来讲话围绕最多的主题是关于人的话题。华为的新员工入职培训长达一周，培训期间会邀请非常有经验的内部讲师来讲解华为文化和价值观，每天晚上学员要写心得。

感想：但凡一个伟大的企业，从最高领导层开始，一定都是非常重视企业文化建设的。企业文化的落地，最重要的无非三方面：(1)领导层以身作则；(2)在组织范围内对文化的反复宣导；(3)将文化价值观落实到日常管理制度层面，指导员工的日常行为规范。

2.华为最核心的四条基本准则

以客户为中心、以奋斗者为本、长期坚持艰苦奋斗和自我批判。华为所有文化和制度建设均围绕这四条准则展开。

感想：一旦公司有了核心价值观，就不能让这些价值观停留在口号和标语上，而是要让员工在日常公司制度和管理的方方面面真切地感受到这些内容，否则就成为口号与行动两张皮，到最后这些价值观也没有员工当真了。

华为提出的不让奋斗者吃亏、把薪酬资源向奋斗者倾斜，其实就是体现了"以奋斗者为本"；组建"铁三角"组织、"让听得见炮声的人能够呼唤炮火"就是体现了"以客户为中心"。核心价值观一旦制定出来，就需要时刻用其来检验日常的管理实践，看二者是否保持了高度一致。

3.长期思维

今天华为的技术能力都是经过长期艰苦探索和积累而取得的。华为强调，基础学科研究要靠长期投入，要有甘坐10年冷板凳的决心，而且这样的付出到最后可能还没有回报。

在过去20年里，华为有条件但并没有去追求像房地产这样利润丰厚的业务，而是专心对技术做长期投入，华为海思的备胎项目就是一个明证。任总的这种长期坚守值得敬佩。

感想：组织要想基业长青，就必须坚持长期思维。亚马逊的创始人贝佐斯曾经说过：不要太过关注变化的东西，而要关注不变的东西。未来10年有什么事情不会改变，那么就把所有时间和精力花在这上面。

今天的华为之所以能在5G技术、手机、通信基站等多个领域处于世界领先水平，就源于长期孜孜不倦对研发的持续投入，而研发本身可能就是一个今天投入重金，明天却无法看到回报的事情。2022年，华为研发投入超过1300亿元人民币，在排行榜上排名第四。

组织管理

1. 在组织管理上，华为既重视实践，也重视实践背后的理论基础

华为在决定学习和采用一项实践之前，一定要先搞清楚它背后的理论逻辑。这也是任总非常强调向 IBM 等西方跨国公司学习的原因，因为这些公司的实践背后都有非常严密的理论基础。

感想：我一直在思考为什么华为在学习实践之前一定先搞清楚背后的理论基础。我猜测背后逻辑是这样的：缺乏理论支持的实践可能经不起时间的考验，而那些有深厚理论基础的实践往往在过去几十年甚至上百年时间里一直得到印证。

今天市场上各种创新的管理实践令人眼花缭乱，如果没搞清楚它们的底层逻辑就去学习，很可能只学到些皮毛。而这种根基不稳的实践一旦见效不大，又很容易被迅速抛弃，无法为企业带来长期价值。

以绩效管理为例，以前很多企业搞 MBO，后来平衡记分卡又风行一时，今天很多人又在学习 OKR，什么流行就搞什么。反观华为，当年在研究了 IBM 的绩效体系后，一直坚持使用平衡记分卡和个人业绩承诺（PBC）做绩效管理，成果斐然。

2. 华为对领先公司并不是单纯地学习，而是能够内化为自己的实践

以人力资源数字化为例，华为在外部跨国咨询公司的帮助下，非常成功地推动了数字化的进行，同时自主研发出了很多自己的流程、体系和工具。

感想：学习外部标杆不应该是一种单纯的照搬，而是应该有相应的内化和落地。青出于蓝而胜于蓝，这样才会做出真正适合自己实践的东西，也才能真正给企业真正带来长期价值。

听完朋友介绍，我一直在想，既然华为能够通过这套数字化系统将自己 20 万员工的人力管理做得井井有条，如果有一天把这套系统推向市场，想必也会收到奇效。

3. 华为高度重视组织的流程建设

以 HR 为例，就有上百项流程，每一项流程都按信息流、价值流和工作流形式梳理得清清楚楚。HR 内部甚至有一个专门的部门来管理流程。

感想：在很多人眼里，流程似乎和"敏捷""灵活"这样的词是对立的。有的企业为了图省事，在做管理决策时，要不绕过现有管理流程，要不根本没有一套标准流程。

搞好流程建设，就是在站在前人的肩膀上提升工作。把别人已经摸索出来的东西做成一套标准，可以让其他员工迅速掌握。常见到这样的企业，因为缺乏有效的销售流程管理，每次一有销售人员离职，就给公司带来一批客户资源的损失。

流程可以让企业真正摆脱"人治"，虽然看上去是牺牲了组织短期效率，但是能够给组织带来长期效率。这大概也是华为 20 万人也能做到"力出一孔"的原因之一。

人力资源管理

1. 华为坚持：薪酬是员工自己挣来的，不是公司分来的

员工获得的任何加薪和奖金都要靠自己去挣，同时，任正非要求把公司挣到的钱尽可能地分配给员工。

华为坚持"以奋斗者为本"，强调薪酬分配要向奋斗者倾斜，拉开高绩效员工和其他员工收入的差异，给火车头加满油。

感想："员工的加薪和奖金必须靠自己去挣"，这是一个非常朴素的道理。但是，在现实中的一些企业里，员工总把加薪和奖金当作一种想当然的事。企业业绩再差，员工也觉得企业欠自己一个加薪或奖金，这就是整个组织的

激励导向出现了问题。

此外，企业的价值观落地最直接的体现就是什么人受到了激励、什么人受到了惩罚。如果要强调高绩效文化，就一定要在激励结果上体现出高绩效者和其他员工的差距。不拉开差距，得益的是低绩效员工，受损的是高绩效员工，这些人最终也会离开组织。

2. 华为在对干部的管理制度设计上，充分运用了民主集中制的原则

减小个人的绝对权力，避免在工作中出现一言堂的现象。干部不能完全决定对下属的加薪或晋级，这种管理权被分解成了否决权、建议权、弹劾权等不同的权力，干部的管理权会受到各方制衡，任总自己也不例外。

感想：中层管理队伍是一个组织的中坚力量，起着非常核心的作用。即便高层人员都是精英，但是如若中间层无法传承组织文化价值观和战略指导思想，组织战略也很容易陷入无法落地的窘境。

在这一点上，华为因充分认识到了中间层的重要作用，所以制定了各种规则来约束和引导。当年华为设立干部部，也算是国内企业的一种独创。朋友在华为也带团队，也算是干部。她自己的感受是，华为对干部的管理极其严格，干部在一些小节问题上稍不注意就会违规并受到处罚。

3. 学习力：华为人都非常热爱学习，真正做到了不懂就学

很多管理人员在工作之余都手不释卷，通过大量阅读来学习。我朋友的领导是从非 HR 部门转过来的，每天会阅读大量 HR 专业书籍，以此来提升自己的专业水平。

感想：管理学大师彼得·圣吉说：未来唯一持久的优势，是有能力比你的竞争对手学习得更快。在美团公司内部有一句耳熟能详的话：我不会，但是我可以学。

华为本身也是一个学习力极强的组织。在学习标杆方面，华为内部有一套严格的"先僵化，后优化，再固化"的三部曲。今天华为管理体系中的很多方面，都是来自对外部标杆的学习，比如：向IBM学习的流程管理、向HAY学习的人力资源体系管理、向我党学习的民主集中制和自我批判、向美军学习的"让听得见炮声的人能够呼唤炮火"、向古人学习的"深淘滩、低做堰"，等等。

无论组织也好，个人也好，只有保持学习力，才能在复杂多变的环境中始终保持成长，实现自我进化；才能真正实现反脆弱，抵御"黑天鹅"，不被时代抛弃。

闲读《汴京之围》，思考组织建设

郭建龙的《汴京之围》一书将近400页，写得实在是太精彩了，用了不到一天时间我就把它速读完毕。

汴京是北宋的都城，即今日的河南开封。在人们过去的认知中，北宋是中国在文学、艺术、经济等各方面造诣达到当时世界顶峰水平的时期。小时候读《杨家将》《水浒传》和《七侠五义》，读到北宋的那些英雄人物时，无不是感到心情激昂、热血沸腾。

然而，历史的真相却是残酷的，《汴京之围》为我们展现了这个王朝的另一面：从金国大举南侵到最后北宋灭亡只用了三年时间。

北宋最后的结局之惨、政权之无能、人民之悲惨，我认为甚至超过了后来腐朽的清王朝：北宋首都汴京被金军攻破后，别说城内人民生灵涂炭、金银珠宝及妇女被金人大肆掠夺，就连宋徽宗和宋钦宗两位皇帝最后也被一并掳走，造成了历史上屈辱的"靖康之耻"。

为什么一个当时世界上最强大的国家最后只用了三年时间就迅速走向了灭亡？全书读下来，大概能从三个方面寻找到一些线索：

缺乏居安思危

北宋前期还是非常繁荣昌盛的，因为和辽国的议和，形成了后来近百年的和平时期。一个国家，长期处于和平状态，没有外部压力，导致整个政权从上到下都放松了警惕，忽略了另一个强大敌人金国的崛起。

这种懈怠的思想到了后期发展到什么严重程度呢？当金国已经开始为入侵北宋举国动员、大兵压境时，北宋上下居然没人意识到战争迫在眉睫；当边关失守的告急文书发到朝廷时，官员居然能因为担心干扰皇帝搞庆典活动而强行压下。在长期的和平假象下，北宋的军事防务形同虚设，队伍一盘散沙。待强大的敌人兵临城下，宋军便一击即溃。

我非常认同作者在书中的一段总结：北宋的崩溃提醒我们要居安思危，在任何时候，危机和盛世只差一步而已。和平并不是一种必然，它要求我们怀着谦卑的心态去看待外界，学习他人的同时，避免自大和狂妄。

不能做到居安思危，背后其实缺乏的是战略眼光。我认为这就是为什么今天亚马逊和字节跳动这些企业非常在意保持 Day One 的心态，也是阿里为什么会提出"在天晴的时候修屋顶"的原因。

如果不在平时培育一套良好的价值观和管理原则，随着组织的壮大，层级过多、流程烦琐、官僚作风这些大企业病就会逐渐扼杀一个组织的活力，而身在组织之中的人还浑然不觉，形成温水煮青蛙的现象。一旦市场转向或强大对手出现，这才猛然发现大势已去，无法挽回。很多曾经风光无限的企业不就是这样一步步走向失败的吗？

思路混乱，缺乏必胜信心

北宋当权者无论是在与辽国还是与金国打交道时，思路都是非常混乱的，一直缺乏一个明确的战略目标以及必胜的信念。

一开始，因为敌国占据了宋朝的疆土（燕云十六州），于是，后来北宋很多外交政策的出发点都是为了夺回这片领土，由此产生了很多不计后果的外交策略。最后导致不但没有拿回燕云十六州，反而丢掉了更多疆土。

和平时期，朝廷渴望打仗，希望收回土地，主战派占上风，不惜和辽国撕毁和平盟约；一旦战争打响，面对强大的金国，又想苟且偷生，本该坚持抵抗，却又让主和派占了上风，不断与敌人偷偷议和。

整个过程中，北宋皇帝就不断地在这种主战与议和的矛盾心态中纠结，极大地挫伤了己方人员的士气，葬送了本来尚存的一线生机。而金国正是识破了北宋的这种软弱和苟且，最后一鼓作气将宋军击溃。

一个组织的战略目标不清晰，缺乏一个强有力的领导核心，就容易造成下面的人思想混乱，团队无法形成一种合力。而一旦目标确定，团队负责人需要做的是以笃定的信念带领所有人奋力向前冲。如果领导者反复无常，总在自相矛盾的目标之间切换，最终就会导致团队军心涣散。

我有时候怀疑，当领导者喊出一个宏大的战略目标时，可能他自己心里也是忐忑不安的。反观优秀的领导者呈现给外界的是对目标的一种坚定信念。咬定青山不放松，因为相信所以看见，最后反而带着大家把一件看似不可能的事情做成了。

矛盾的用人机制

应该说，即便是在北宋末期，也还是有一批栋梁之才的，包括李纲、种师道、宗泽、郭药师等文臣武将。如前所述，当朝廷当权者始终在战与和的心态中来回纠结时，也导致了对这批人才的使用出现偏差，令人扼腕。

以郭药师为例，作为从辽国投降过来的人才，他的军队战斗力强，被称为"常胜军",军纪严明,并担任了守卫国境的重要职责。但是,他却被人猜测"身在曹营心在汉"。可笑的是,北宋为了防备他而另起炉灶建立的"义胜军"不但战斗力低下,还经常抢掠百姓。最终,郭药师因自感得不到朝廷的信任而倒戈。

反观金国,善于用人,不管是辽国人还是北宋人,只要是人才,就不拘一格委以重任,从不在乎他之前是否反抗过金军。《你所做即你所是》一书中也提到,成吉思汗麾下的蒙古大军也有类似金国的用人机制,真正实现了不拘一格降人才。

北宋落后的用人机制还体现在指挥系统的紊乱:每一位将军都只是一路兵马的首领,指挥不动其他兵马。就算设立了一个更高的上级,所有下级也不把这个统帅当回事,因为他们除了受这个统帅领导之外,还有其他无数领导的牵制。反观金军,行动指挥由领军元帅全权负责,他们可以调动一切资源为战争服务。

在战场上,时间就是生命。组织需要做的是让听得见炮火的人指挥炮火,确保一线人员可以灵活自主地调动资源来赢得胜利。

结语

《汴京之围》是一本历史书,但是读完后发现,它是一本可以作为组织发展的参考书。发生在北宋时期的这些事,拿来和今天一些企业正在发生的组织管理问题一一对照,竟然是如此相似。借古鉴今,希望这本书能给今天组织的管理者带来更多启发。

如何做组织变革？这三本书的作者能给你带来启发

企业业绩遭遇增长瓶颈该怎么办？当外部市场陷入低迷，企业该如何应对？企业文化不能与时俱进，又该如何开展文化变革？老板花高薪聘请高管空降企业，高管该如何在组织内部发起一场实现扭亏为盈的变革？

以上情景是我们身边组织每天都在重复上演的，也是每一个组织者日常面临的难题。

太阳底下没有新鲜事，他山之石可以攻玉。正好最近有空重新读了几本商业经典，结合自己在过去一年多的亲身经历，对其中的组织变革案例产生了更多领悟。

《谁说大象不能跳舞》（作者郭士纳）

华为在早期曾经拜师 IBM 学习组织管理，花重金聘请 IBM 的顾问，打造了从产品到研发再到运营的各项流程。而本书作者郭士纳可以称得上是 IBM 的老师，他是领导 IBM 成功实现组织变革的最大功臣。

有的人一辈子写了很多书，但是没几个人记得住；有的人一辈子就写了一本书，然后被世人奉为经典。郭士纳就属于后者。

郭士纳一生中服务了三家企业，前两家分别是麦肯锡和美国运通，第三家是 IBM。尽管他自己非技术背景出身，但这并不妨碍他以 CEO 的身份在

IBM 实现了一场成功的组织变革，将 IBM 从严重亏损中拯救了出来。

郭士纳从创建八条文化原则开始，身体力行，发动全员参与组织变革中来，最终成功地帮助 IBM 实现转型，从一个以自我为中心的组织，转型成为一个以客户需求为中心的组织。

这八条原则，大都是在强调以市场和客户为中心，其中包括"市场是我们一切行动的原动力"以及"IBM 最重要的成功标准，就是客户满意和实现股东价值"。

不知道后来华为提出的"以客户为中心"的经营原则，是否也是因为学习 IBM 而获得的启发。

郭士纳尽管拥有麦肯锡咨询顾问的背景，但是他脚踏实地，反对管理者夸夸其谈。

郭士纳认为，组织做好长期战略规划很重要，但是更重要的是战略执行，并对这种执行定期进行严格审查。只有把"规划＋执行"的战略变成公司所有活动的推动力，组织才能走向成功。

《长期主义》（作者高德威）

高德威长期担任霍尼韦尔公司的董事长兼 CEO 一职，他帮助公司实现了卓越的绩效。高德威在退休之后，将毕生经验浓缩在《长期主义》一书中。

高德威所践行的商业原则可以用"长期主义"四个字来概括，他将其总结为三条：（1）保证会计和商业活动的真实性；（2）投资未来，但决不过度投资；（3）在保持固定成本不变的前提下实现增长。

令人感到惊讶的是，书中写道在 2008 年美国金融危机期间，高德威领导下的霍尼韦尔居然没有裁减一名员工，最后安然度过危机。

那时我正好在美国工作，在一家世界 500 强公司总部做 HR。当时的情形是股市暴跌，市场萧条，企业纷纷裁员，我所在的企业也裁掉了数千人。在此情况下，霍尼韦尔居然能够做到不裁一人，实属奇迹。

高德威在这场危机中所做的，是把目光放长远，尽量避免采取损害企业长期发展利益的措施。同时，他不忘下注未来，也正是在这场危机中，他扩大了在中国和印度的研发团队，积极实施了组织文化变革，布局未来。

就这样，当危机结束时，他比别人有更充足的弹药，也更快实现了业绩反弹，最终成为市场的领导者。

贝佐斯说："如果你做一件事，把眼光放到未来三年，和你同台竞技的人会有很多；但如果你把眼光放到未来七年，那么可以和你竞争的人就很少了。"

做一名长期主义者并不容易，你需要放弃短期的诱惑，同时具备极大的战略定力，守得住寂寞，才会收获成功。

《偏执乐观》（作者李思拓）

一提起诺基亚这个名字，很多人的第一反应是：这家公司是不是已经消失了？事实却是，诺基亚不但没消失，反而成为一家领先的全球网络技术公司。领导诺基亚走出泥潭、实现大逆转的功臣正是本书作者李思拓。

刚加入诺基亚时，李思拓面对的是一个典型的官僚机构：决策流程缓慢、层级制度严格、组织机构臃肿。公司的官僚习气有多重，从以下这个小例子上就可以看出：公司开个董事会，会议成员需要一人乘坐一辆豪华汽车。

诺基亚手机为啥后来被市场抛弃？其中一个原因就在于公司旧的文化基因里，有一种只顾自己、不顾客户需求的特征，沿着老旧的产品和技术方向一条路走到黑。

诺基亚的手机很结实，不容易摔坏，可是到了市场上，消费者更追捧的是时尚款。

李思拓将诺基亚当作一个创业公司，从零开始，从头转型。他所坚持的领导力特点是偏执乐观。

"偏执"就意味着不断地去质疑和挑战现状，最终改变现状；而"乐观"则意味着无论遇到什么逆境，都要保持乐观的态度，积极去探索解决问题的各种可能性。

这本书比前面两本都厚，里面有很多李思拓带领诺基亚实施文化变革的故事，还有他自己总结的"创业式领导力十大原则"，也非常值得我们学习和借鉴。

我的敏捷组织转型经历

2021年我所在公司在全行业下滑的大背景下，业绩依然取得了增长30%以上的结果。这背后的原因有多个方面，在我看来，组织转型是其中一个关键因素，概括来讲，就是从一个传统的管控型组织向一个现代的敏捷型组织转型。

先描述下公司的背景信息：我们的产品是快消品，公司拥有从研发到生产再到营销的全部价值链环节。

大约两年多以前，公司所处市场环境发生了深刻变化。具体表现在以下两个方面：

第一，消费者购买习惯改变。（1）消费者购买活动逐渐从线下转移到线上。（2）即便是线上市场也在发生变化。比如，几年前大家主要去天猫和京东购物，而今天各种直播间购物占据了主要地位。

第二，市场竞争激烈。国际大牌为了抢夺中国市场，不惜放低身段，原来的高端产品不断价格下探，蚕食了原属中低端品牌的市场份额。此外，市场不断有新的竞争对手杀入，让竞争更加白热化。

在这种快速多变且竞争激烈的大背景下，公司要赢得消费者，势必要快速、持续地推出深得消费者之心的好产品。要生产出这样的好产品，背后就必须有一套好的组织机制来保障。

决策机制

这种组织机制的关键词是"敏捷"和"去中心化"。

第一个关键词是"敏捷"。就是组织要能够跟得上市场快速变化的节奏，消费者需要什么产品，你就要随时生产出什么产品。

以供应链为例，以前销售要通过经销商渠道卖出产品，销售货品的特点就是：品种少、单品数量大、需求量稳定、可预测性强，对供应链的压力不大。

但今天大量消费者通过在线渠道下单，货品特点就变成：品种多、单品数量小、需求量不定、可预测性差，对供应链压力陡增。

在过去一年里，我们供应链都在强调"柔性生产"，目的是确保随时提供可以满足消费者需求的产品。

在这种情况下，组织的决策和行事方式就需要变得快速敏捷。以前组织可以按年或按季度做计划，但是今天可能要缩短到按月甚至按周做计划。

以前生产或销售计划制订后可以长时间不变，但如今因为市场随时在变，组织的决策也需要随时保持同步变化。

第二个关键词是"去中心化"，我看到也有资料把它叫作 DAO 组织。为什么要去中心化？以前的组织流程决策者就是组织架构中最上面的总经理，拥有所有决策权，组织里大事小情都需要总经理才能完成决策。

但是，今天在外部环境快速多变的情况下，战机稍纵即逝，再把任何决策权交给总经理，必然会造成延误。

因此，我们提出了"让听得见炮火的人指挥炮火"，让决策权下沉到一线业务部门，部门负责人可以相对独立地决定市场需求、贸易条款、人事管理等事宜。

比如，以前一线部门每招一个员工都要 HR 批准，但是今天我们采取的方式是控制部门总人力预算，在此预算下交给部门更多的人事决定权。他们可以根据自己的需求来招人或调薪，前提是只要不突破人力预算即可。

去中心化除了决策敏捷快速，还有一个好处：可以避免大规模的组织决策风险。在中心化的决策机制下，所有决策权力集中在最上端的总经理一人身上，万一总经理某项决策失误，受影响的是全组织。

但是在去中心化之后，决策权分散到了各个部门，其中哪怕某个部门决策失误，对其他部门的影响也非常小，也更方便组织进行纠错。

贝佐斯将亚马逊的决策分为两种：一种叫单向门，这类决策一旦失误，再无回旋余地，需要慎之又慎；还有一种叫双向门，这类决策哪怕做错了，也可以倒退回来重新来过。

通过去中心化，把更多的单向门决策转化为双向门决策，既降低了组织的决策风险，又提升了组织的决策效率。

组织架构

传统控制型公司的组织架构一眼看上去更像一个金字塔（如图 2 所示），上级决策从上到下，依次传达，层次分明。对于市场波动小、需求预测稳定的环境，这样的架构相对稳定。

在敏捷快速的环境下，为了应对日常人事管理的需要，依然保留了传统的金字塔式组织架构图。但是，在实际运作中，我们的组织更像是这样的网状图（如图 3 所示）。

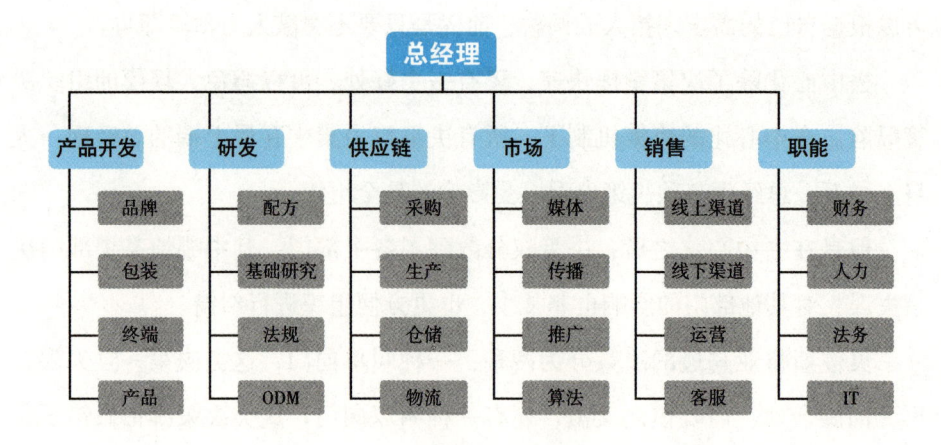

图 2　金字塔型组织架构图

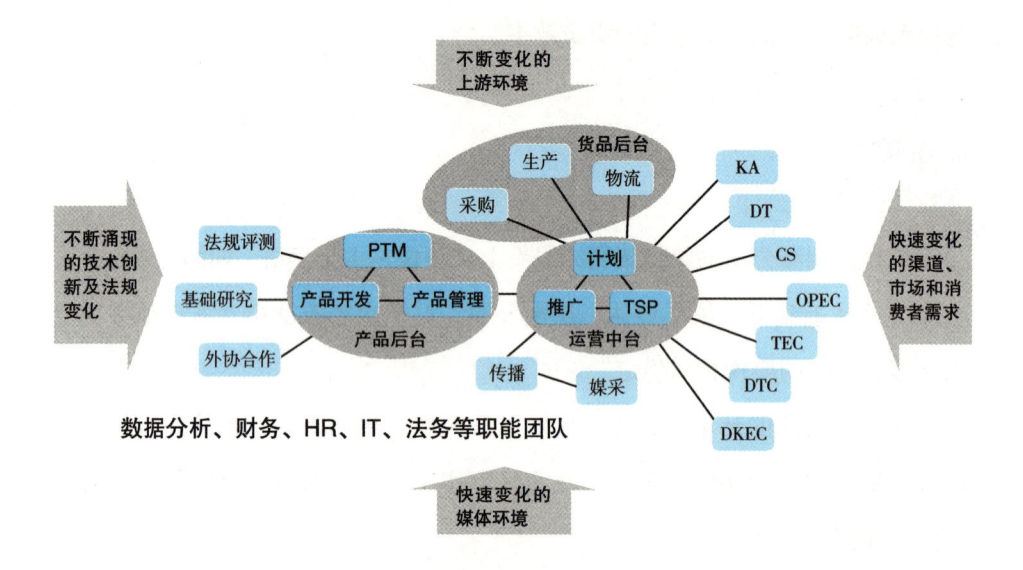

图 3　网状组织架构图

在这个网状图中，看不到传统的按职责分割的部门，取而代之的是一个又一个以任务和流程为导向的团队，所有团队的工作又共同指向了一个方向：快速变化的市场和消费者需求。所以，这是一种真正"以客户为中心"的组织架构。

如何保证这种网络化组织的正常运转？根据我所在公司一年多的实践，有以下几个方面需要注意：

第一，组织扁平化。

科层制的组织更注重职位之间的层级划分，员工通过在职位阶梯上一级一级地爬格子完成职业发展；而扁平化和网络化的组织更加以流程和业务为导向，更加聚焦员工能力的横向拓展。

以营销部门为例，将从原来的一个大事业部，按照市场渠道特点，切分成不同的小事业部，每个事业部独立承担盈亏。

在此过程中，我们取消了一些中间层岗位，比如：在销售端取消了一个统管销售的职位，在市场端取消了一个统管传播、媒体、公关的职位。

主管岗位减少了，汇报层级减少了，团队的工作积极性更高了，产出也更高了。

为了进一步方便组织的扁平化和网络化进展，我们逐步在组织内部"取消"岗位职级。以前员工在内部系统里看到的岗位都是总监、经理等，现在取而代之的是××业务负责人、××项目负责人。

当然，员工职级也不是真正地被取消了。每个人的岗位依然会有对应的职级，员工依然会在原有职级的基础上得到升职和加薪，只不过这一切都从前台转移到了HR的后台操作。

这种做法的目的是让大家避免把关注点过多地放到岗位和职级这些形式大于实质的东西上，把注意力更多转移到关注工作、关注客户需求上。

第二，使用闭环的小团队工作。

贝佐斯在亚马逊有一个使用小团队的原则——两个披萨饼原则，就是一个小团队人数不能多，控制在7~9人最佳。一顿工作午餐点两个披萨饼够吃，人多了容易人浮于事，有人可以浑水摸鱼；人少则更容易实现明确分工，谁干多干少一目了然。

第三，建立团队高效协同的机制。

对于重大工作任务，我们会以跨部门例会来保障协同，包括：所有营销和供应链及运营部门参加的月度经营分析会、供应链和运营部门的货品协同双周会、运营和产品部门的产品协同双周会、市场和销售的传播月会等。

各部门在工作中还启用了一个在线协作工具——企业微信的在线文档编辑。所有重要工作文件上网共享，众人可以同时查看和编辑，方便所有人的实时工作协同。鼓励各种会议非必要不开，工作协同尽量通过在线完成。

在这些机制保障下，信息在组织内的流通更加畅通，大家工作的效率更高，跨部门工作也更加协同了。

人才保障

首先是人才培养。

我们强调，不是要培养高速公路收费员模式的人才，而是要培养一种具备综合能力的全才。这样的人才除了具备自身专业能力之外，还需要有很强的战略理解力、与人沟通衔接力、对新事物的学习能力。

只有这样的人才更适应敏捷组织，他们不会固定在某个职能或某个岗位上把自己限制死，而是能够横向拓展自己的能力，能够跨部门工作，既做得了销售，也做得了市场；既做得了供应链，也做得了运营。

这种人才的主要培养方式是轮岗。通过在不同岗位上的轮换历练来培养人的能力。我们招募了一批管培生，起初也是希望对他们做跨部门轮岗，但是第一个岗位做完之后，部门都舍不得让他们离开，希望他们继续留在原部门做第二个岗位。

这种安排显然是不符合敏捷组织对人的培养原则的，在公司高层的干预下，HR 顶住了压力，让这批管培生实现了真正的跨部门轮岗。

后来，有管培生坦言，大范围的跨部门轮岗虽然将自己推入了极不舒适区，但是更加开阔了视野、积累了人脉，帮助他们更全面地认识组织，也具备了在组织内更好实现职业发展的条件。

其次是人才考核。

传统科层制组织中的考核更多是上对下的考核，老板对下属的业绩打分。但是在网络化组织中，上对下的关系弱化了，更多时候是员工和团队其他人协同作战，因此，其他同事对其工作表现的评价就显得尤为重要。

敏捷组织中的人才考核可以借鉴谷歌和字节跳动采用的 360 考核方式。我曾经单独请教过字节跳动的几位朋友，对其独特的 360 评估有过深入了解。

字节跳动和奈飞公司一样，将自己定义为松耦合的组织形式，用 OKR 做目标管理，用 360 做绩效评估，最后由上级领导统一做绩效评定。

在一年两次的 360 评估中，字节跳动会要求员工首先对自己的工作贡献做自评，然后为 8~12 名工作伙伴做他评。评估维度包括：工作结果、投入度和字节范儿（企业文化）。如果是团队领导的话，还有领导力的评估。

这样的评估方式，符合了敏捷组织成员的工作方式，避免了领导一个人评估所带来的个人主观偏见限制。

最后是人才激励。

敏捷组织中强调的工作方式是团队协同，因此，在对员工激励时要尽可能对团队整体做激励，避免鼓励员工个人英雄主义。

在过去的一年中，我们的员工除了有个人奖金之外，凡是那些表现优异的团队，还会有一笔金额不菲的团队奖。

团队奖金直接与团队工作目标实现结果挂钩，奖金来源包括额外利润贡献、成本节约、新品销售等，奖金金额由团队领导根据每人的贡献度来分配，成为每个员工现有奖金之外的必要补充。

当然，随着组织转型的深入，未来还可以尝试逐步缩小员工的个人奖金比例，提高团队奖金比例，真正实现员工利益和团队利益的高度捆绑。

结语

组织的敏捷转型是一个长期持续的过程，你无法指望它可以一蹴而就。在做此类组织转型时，我们自己也要保持着敏捷思维，对转型本身完成不断迭代和不断精进。

我认为，在快速多变的市场环境下，组织的一个重要目标就是要建立一套组织机制和拥有完善的组织能力，让整个组织能够随着外部市场的变化而随时做出应对变化。

更加柔性和敏捷的组织，才是真正称得上实现了反脆弱的以客户为中心的组织。

以确定性来对抗不确定性

市场环境的不确定性将继续

2022年伊始，世界依然延续了自2020年以来的不确定性：国外的疫情持续不断，变异的新冠病毒Omicron已经击败Delta，成为迄今为止最具传染性的冠状病毒。

2021年的国内经济，我们见证了各种不确定性，教培业和互联网的大潮退去，半导体和新能源逆风飞扬，这些都是大家在2020年不曾预料到的。

幸运的是，我们公司在行业增速放缓的情况下，逆势崛起，实现了全年30%以上的增长率。其中，线下业务增长15%，线上业务增长近60%。

回顾2021年，如果要总结为什么我们公司能够取得这样的成绩，我觉得用一句话最能概括：以确定性打败了不确定性。

我们公司所在的赛道具有快消和互联网的双重性质，特点是市场节奏快、竞争激烈、不确定性大。这也给很多行业内的企业带来了巨大的经营困难，一些新锐品牌在耗尽股东的投资后相继退出战场，战况非常惨烈。

面对这样的市场，我们公司2021年伊始提出的年度经营方针为20个字：产品为本、技术先行、营销放大、供应保障、降本提效。

如何解读呢？

不管市场如何变化，有一些东西永远是确定的。比如：消费者永远喜爱好产品，所以一定要在产品开发上下功夫，持续不断地输出能够穿越消费周期的好产品。

好产品的一个典型案例是可口可乐，不论世界经济形势如何变化，从来没有听说会影响人们对可口可乐的消费。

有了好产品，不能充分触达消费者也不行。以前消费者只能通过商超、电视广告才能接触一个产品。今天，消费者有了更多被触达渠道，除了传统的线下店外，还有淘宝、京东、小红书、快手、抖音、微信、新零售店等。

有了好产品，还需要全力开动营销机器，多渠道、全方位地将产品品牌效应放大，以便触达尽可能多的消费者。

再比如，无论经济好坏，那些运营效率高的企业，才能对竞争对手形成成本优势，由此产生的丰厚利润可以为企业带来稳定现金流，这些利润再被投入更多的产品开发和营销中，形成一个正向转动的飞轮效应。所以，企业需要坚持降本提效。

在我看来，这些都是典型的通过确定性对抗了环境的不确定性的案例。

今天，微信圈有很多文章在分析未来一两年的经济形势，新冠疫情、中美局势、产业调整、共同富裕、科技创新等各种新趋势的出现，让人眼花缭乱、目不暇接。

但是，不论怎样，所有的分析文章主题都可以总结为：未来一段时期，不确定性将继续。

在这样的环境下，唯一不变的是变化，能够击败不确定性的还是要回到确定性。只有这样才能做到手中有粮，心中不慌，"他强由他强，清风拂山岗"。

三点确定性值得特别坚持

对于组织人力资源管理的借鉴意义，我认为需要有三点确定性值得特别坚持。

1. 打造高质量的人才密度

人才密度这个词最早是由奈飞公司提出的。奈飞多年本着只招"成年人"、只招行业最优秀的人的原则，最后形成了同行望尘莫及的人才高地，也给公司带来了巨大的商业成功。

知识经济时代的企业比传统经济时代的企业更需要重视人才密度。因为在传统经济下，一个优秀的操作工人的产出可能等于2~3个普通工人的产出；但是，一个顶尖研发工程师，可能比得上百个普通研发工程师的效率。

两周前，我听了华为前人力副总裁吴建国老师的分享。他的一句话让我印象深刻：华为在做任何新业务之前，不是先思考要具体怎么做业务，而是先找来合适的人。人找对了，做事的结果就不会差；相反，如果事情的方向都很对，但是找来的人能力不够，这件事也会做不成。

2. 坚持全员参与的绩效管理

今天绩效管理的名词特别多，有KPI、MBO，还有OKR、BSC。在我看来，用什么工具不重要，最重要的是通过这一套工具，形成全员参与的一种氛围。

通过这样的机制，让每个人都能够对齐组织目标，聚焦自己工作中最重要部分，同时随着时间进度能够动态地管理好自己的目标，并且在绩效周期结束后，员工能够在公平、公正、透明的环境下实现真正的奖优罚劣。

3. 坚持组织不断提效

组织提效有很多途径，对流程的改善、对部门的精简、对冗余人员的裁减等，这些都是组织随时可以做的工作。

我们可以特别关注组织效率的一些关键指标，包括：人工成本率、人均营收、人均利润、官兵比例、汇报层级、人才厚度、员工平均年龄、员工敬业度等。在这些关键指标方面，哪怕每次只改善1%，日拱一卒，日积月累，最后就是可观的效率提升，就能形成对竞争对手的优势。

职业生涯对抗不确定性风险三条建议

最近，职场 35 岁现象又开始频频见诸报端，作为个人，我们又该如何以确定性来对抗身边面临的不确定性风险？尽管未来世界的不确定性在增加，但是始终有一些值得我们坚持去做的事情。

1. 投资自己

我一直认为，跟购买不动产、买股票、买基金等相比，对自己投资可能是最划算，也是回报率最可观的。投资自己的形式很多，今天我们的学习资源比 10 年前丰富了不知多少倍，完全可以充分利用好这些海量资源，让自己的市场价值不断增长。

两个月前我参加了公司一名年轻员工的述职，她所学专业是财务，以应届毕业生身份加入公司，从事数据分析工作。通过短短半年的工作和学习，她已经掌握了 Python、R、Tableau、MySQL、Stata 等多种分析工具，且开始承担公司一些重大数据的分析工作。

据她透露，她掌握的这些新技能都是来自自学。值得一提的是市场上今天对数据分析师的重视远超同级别财务人员。

2. 拓宽自己的人脉资源

如果你希望在职场有更好的发展，最好能给自己寻找几位圈子以外的导师或学习对象，因为这些人可能会启发你突破固有的思维。

《哈佛商业评论》曾有一篇经典文章提到，对一个人职业帮助最大的人脉资源常常来自他的"弱联系"，也就是那些平时和你联系很少或者圈子以外的人。因为在同一个圈子里，大家会被相互影响，最后想法变得都差不多。反而是那些圈外人能给你带来新点子和新机会。

3. 锻炼身体

我自己每周会花不少时间在锻炼身体方面，以前经常长跑，还写过关于跑马拉松的文章。

从 2020 年开始，在朋友的推荐下，我也开始请健身教练。尽管价格不菲，可后来证明这笔钱花得很值。请专业的人做专业的事，在教练专业且有针对性的指导下，健身效果比自己瞎练好多了。尽管自己平时工作压力不小，但身体出毛病的概率比之前下降了不少。

"身体是革命的本钱"，青年时代的毛主席，无论风吹雨打均坚持体育锻炼，因此也写下过"不管风吹浪打，胜似闲庭信步"这样豪迈的诗篇。很难想象，如果没有健康身体的打底，他后来是如何能够在爬雪山、过草地这样的征程中坚持下来的。

拥有一副健康的体魄，不也是一个人对抗不确定性的强大武器吗？

最后，祝大家在未来都能够以自己的确定性，来战胜这个魔幻世界所充满的不确定性。

透过杜邦分析法看 HR 如何为组织提效

衡量一家公司好坏的财务指标很多，比如：投资回报率、收入增长率、毛利率等。但是，如果只能选择一个财务指标来衡量企业的话，往往首选是净资产收益率（ROE，Return on Equity）。

其计算公式为：

$$净资产收益率 = \frac{净利润}{净资产}$$

净利润为企业营收扣掉成本、费用和税金得到的利润，净资产则相当于企业资产减去负债剩下的净资产。

美国杜邦公司曾经将这个 ROE 计算公式进一步拆解成三个公式，就成为下面的形式：

$$ROE = \frac{净利润}{净资产}$$

$$= \underbrace{\frac{净利润}{销售收入}}_{效益} \times \underbrace{\frac{销售收入}{平均总资产}}_{效率} \times \underbrace{\frac{平均总资产}{净资产}}_{杠杆}$$

ROE 的三个公式分别是：

$$\frac{净利润}{销售收入}$$

主要说的是企业盈利能力，也相当于每卖出一块钱商品，能够赚多少钱。

$$\frac{销售收入}{平均总资产}$$

主要说的是企业的资产周转能力，相当于企业的资产周转一次能够获得多少销售收入。在同样的时间段内，企业资产周转次数越多，获得的收入就越高。

$$\frac{平均总资产}{净资产}$$

这个讲的是企业的杠杆系数，相当于企业在赚钱过程中愿意承担多少负债（用别人的钱来赚钱终究是一件理想的事）。

将这三个等式搞清楚了，基本上也就明白一个赚钱的企业应该具备的理想画像：产品盈利率高、资产周转快、杠杆系数高。

结合杜邦公司的这个公式，如果要从人力资源的角度来理解如何帮助公司更好地盈利，我们可以通过前两个等式来制定相应的策略，第三个等式跟公司负债水平有关，与人力资源关系不大。

提高产品盈利率

这个世界上总有那么一部分企业靠着技术实力在市场遥遥领先来赚钱，

比如：高技术行业里的苹果、华为，再比如在消费品行业里的茅台、LV。

因为这些公司有雄厚的产品研发能力，有长期积累的品牌口碑，所以能够享受超越竞争对手的产品溢价，价格再贵，顾客们依然趋之如鹜。

同理，为了提高产品盈利能力，HR可以重点考虑的措施有以下三个方面：

1. 吸引优秀的研发人才，打造行业领先的产品

我所在公司的行业是快消品，过去两年为了提升人效，一直在人员招聘方面保持得很克制。但是，在研发人员的招聘上面，我们毫不惜力。再看行业内其他的龙头企业，也是在研发人员投入上同比增长很大。

研发的投入代表了未来，重视研发投入的公司，才会在市场上有未来，才能获得优于竞争对手的产品溢价。华为公司2021年年报披露，研发投入比例高达销售收入的22.4%，位居世界通信行业的前三甲。正是这种对研发投入的长期坚持，才造就了华为今天的市场领先地位。

2. 建立强大的营销队伍，让产品卖得更多更好

今天的市场已经不再是"酒香不怕巷子深"了，再好的产品也需要一支优秀的营销队伍把它推销出去。优秀的营销人员可以更好地影响客户的购买欲望，能够在品牌推广、产品定价、渠道开拓等方面给公司创造价值。

招聘优秀的营销人员、开发营销胜任力模型、提升现有团队水平、设计销售奖金来激励营销团队获得高业绩，这些都是HR可以来主导的措施。

3. 降低成本、提高效益

成本降低，在销售额不变的情况下，利润率自然就提高了。HR能控制的成本主要是人力成本。

在财务上，成本一般可以划分为变动成本和固定成本。变动成本通常是随着销量变化而变的成本，比如产品原材料成本、包装费用、促销费用等；而固定成本主要是不受销量影响、固定发生的成本，比如人员工资、设备折旧、后台费用等。

在成本管控上，固定成本比变动成本更重要。因为固定成本一旦上去了，不会轻易下来，而变动成本能够控制的灵活度更大。

同样，HR 在控制人力成本问题上，也可以借鉴财务的这种思路：严格控制固定成本（固薪），灵活管理变动成本（奖金）。

可以考虑的措施主要包括：严格控制人员编制的增长；建立规范的薪资架构，合理定薪；利用薪资的固浮比来管理员工总薪酬；严控年度调薪，灵活奖金设置等。

提高资产周转率

提高资产周转率，就是让资产可以周转得更快，每转一圈都能产生一笔销售收入。资产周转得越快，产生每笔销售收入的时间越短，在一定期间内企业实现的利润就越高。

那么，HR 可以考虑从以下角度来帮助组织实现更快的资产周转。

1. 加速人才的新陈代谢、优胜劣汰

如果把人才也比作资产的话，我们同样可以以加速资产周转的思路来管理人才。简单来说，就是需要尽快地让好的人才进入组织，同时不断把达不到要求的人淘汰出去。

华为组织管理理念中有一句话："保持方向大致正确，组织充满活力。"何谓"充满活力"？我认为主要就是组织要不断实现新陈代谢、优胜劣汰。如果老员工或者平庸的人在组织中一直待着，新人将永无出头之日，这样的组织何谈活力？

正因为如此，华为要求其干部队伍每年保持 10% 的淘汰率，雷打不动。这一条换作一般公司很少能够做得到，这大概也是华为能够长期保持组织活力的关键所在。

校园招聘、绩效管理、人才盘点、内部提拔等，这些都是可以采取的加快人才周转的经典手段。

2. 简化组织机制

组织设计和流程越简单，组织的决策就会越快速，响应外部市场变化也越及时，就相当于起到了加速资产周转的作用。

常见的组织简化方法包括：组织扁平化，缩短管理层级；在组织内部建立以任务为导向的小团队，通过小步快跑、不断迭代的方法来管理工作任务；建立以客户为中心而不是以领导为中心的组织，缩短组织决策机构到客户的距离；赋能一线团队，让听得见炮火的人能够指挥炮火。

3. 加快信息流动，鼓励信息透明共享

人们能够快速合理决策的前提往往是掌握了全面的信息。字节跳动公司文化中有一句借鉴奈飞公司的文化原则：Context, not Control。意思是，上级对下级不是控制，而是尽可能给员工全面的信息，然后相信他们自己能够做出合理的决策。

奈飞的创始人哈斯廷斯曾经在《不拘一格》一书中提到，为了方便员工及时决策，公司会最大限度地实行信息透明化，甚至在每个季度财报公布前，将公司的财务机密信息提前向几百名经理公布。而这种信息共享，也极大地降低了决策成本，提高了决策效率。

很多组织会头疼跨部门合作这个事，而我根据个人的经历，感觉跨部门合作很多时候还是取决于信息共享的程度。

我所在的公司，从两年前就开始推动各种信息共享机制，包括：经营分析的月会和季会、关键部门之间的跨部门双周会、CEO与员工面对面的季度会、公司管理层与员工的半年会和年会，等等。

正是靠这种全方位的会议机制，确保了信息在组织内的快速畅通流动，最终结果为：跨部门协作增多，公司层面的产品开发、供应保障、营销推广等项目推进更加顺利；团队的目标感和凝聚力增强，员工敬业度上升。

结语

推动公司盈利的增加，从财务的角度需要做好两方面工作：要么解决效益的问题，让公司的产品变得更赚钱；要么解决效率的问题，让公司的资产在整个赚钱的周期内周转得更快。

相应地，HR 也可以参考这种思路从两方面入手：通过增加人才密度、降本增效来提升效益；也可以通过人才盘点、组织进化来提升效率，从而最终帮助公司更好、更快地盈利。

让"保持组织活力"不再是一句空话

任正非在谈到华为成功的秘诀时,讲过一句很经典的话:方向大致正确,组织充满活力。

前半句话主要讲组织战略,就是战略方向要大致正确,如果方向与国家鼓励政策、市场规律、技术发展趋势等背道而驰,那么你付出再多努力也是无济于事。

后半句主要和组织能力及组织文化相关,主要讲的就是组织如何保持战斗力,如何让组织不断地实现进化等内容。

激发组织活力、保持组织进化,也是我们团队在过去两年来一直在推动的工作。特别是,我们还专门请来了有华为背景的咨询顾问,近距离、全方位地学习了华为的组织建设理念。

毋庸置疑,华为公司是所有中国公司里组织建设做得非常成功的一家。我发现,华为在2021年年报中采用的简单几段话,把如何保持组织活力概括得清清楚楚,堪称组织建设的精髓。

下面结合我的实际经历,通过解读华为年报中的这几段文字,来谈谈自己对保持组织活力的理解。

组织发展篇
让"保持组织活力"不再是一句空话

组织设计

华为年报摘录内容：

> 持续优化组织阵型，有节奏地在全球推行"合同在代表处审结"变革，做强代表处，精简机关，实现"大平台＋精兵部队"的组织阵型。探索军团组织运作模式，缩短管理链条，快速满足客户需求，更好地为客户服务。开展研发会战，打破组织边界，汇聚全球各行各业专家资源，力出一孔，聚焦关键业务和技术难题突破。

组织设计的第一项要务是精简和敏捷。今天，因为我们所处的市场快速多变，组织架构设计也需要跟得上这样的节奏。

因此，组织需要采取必要的措施来精简架构，其中，扁平化、小团队、精兵化都是精简组织的关键词。

在过去两年里，我们砍掉了一些不必要的组织层级和管理岗位，其中包括总监、副总这样的高管岗位。岗位精简之后，既节省了人力成本，也缩短了内部汇报路径，信息的上传下达更加畅通，组织决策效率明显提升。

组织设计的第二项要务是赋予前线团队一定的自主权，让听得见炮火的人能够指挥炮火。我们有7~8个不同的销售渠道，每个渠道的商业模式都不一样，很难用同一套方法去管理所有渠道。我们采取的策略是事业部制，让团队享有充分自主的决策权。

团队以自负盈亏的模式运转，在人力资源方面，在控制团队总人力预算的大前提下，过去总部掌握的定编、招人、分奖金等权力统统下放给团队领导。

结果，奇迹发生了，常见的业务团队向HR要人的现象消失了。业务团队不但自觉严控人员编制增长，甚至还会主动淘汰业绩不佳的员工。

原因在于，人越少，剩下的人能分到的奖金就越多，干活越积极，这就真正实现了人少好办事这个目标。

组织设计的第三项要务是以小团队形式，打破组织边界，快速推进项目。我们也用类似华为提到的方式，开展研发会战，项目小团队包括跨部门组员，来自研发、产品、市场、财务等部门。

实践证明，这种跨越了传统部门墙的小团队，迸发出惊人的战斗力。公司的几项新产品，都是在小组模式下快速开发、快速上市的，最终也获得了不错的商业成果。

组织活力

华为年报摘录内容：

> 坚持在成功实践中选拔和发展干部，打造洞察力强、专业能力过硬的干部队伍。在关键战场上主动识别优秀高潜人才并给予机会，大胆使用，促进人才辈出，将星闪耀。

在缺乏活力的组织中，人员选拔和升迁靠的是资历、和老板的关系；在充满活力的组织中，那些高绩效、有"战功"的员工更容易脱颖而出。

我们企业在实际工作中也遵循了"将军是靠打出来的"这一原则。在职位晋升评估中，首先看的就是个人绩效，拿结果说话，其他如年龄、学历、经验、能力都不是最重要的参考因素。

尤其是，对于那些业绩超越预期的员工，他们甚至会得到破格晋升。

此外，保持组织活力，很重要的一点是人员要能上能下、能进能出。很多组织比较容易解决好"能上"和"能进"的问题，但难以解决的是"能下"

和"能出"的问题。原因比较复杂，包括法律限制、碍于情面、历史原因、企业文化等。

不论背后的原因是什么，如果一家组织不能实现人员正常的新陈代谢，那保持组织活力就是一句空话。

我曾经惊讶于华为每年对自己干部队伍10%的淘汰率。按说，华为的干部都如此优秀了，为何还要严格实行10%淘汰呢？后来，看到一篇对华为HR负责人的采访，了解原因后，敬佩之心油然而生。

他说：只有狠心淘汰一部分人，下面的年轻员工才能看得到希望，组织才能对优秀人才保持吸引力。

我曾经参加过一位德高望重的企业高管教练的课程，她说："大多数企业都说要学华为，但基本上学不会，因为有两个最基本的点他们就做不到，第一，任正非把大部分企业股权分给了员工，自己只留了1%左右的股权；第二，华为干部每年有10%的淘汰率，雷打不动。"

薪酬激励

华为年报摘录内容：

坚持"责任结果导向"的获取分享制，建立差异化激励机制。
适配不同产业、不同发展阶段、不同人群建立差异化激励机制。

获取分享制的核心在于，任何员工所享受的奖金激励，都必须先挣出来。而与获取分享制相对立的，就是大锅饭制度，干多干少一个样。

我们公司在薪酬激励方案设计中，遵循了三个原则。第一，获取分享制。传统的目标奖金和超额的利润分享相结合，每个员工基于自己的底薪，有一定比例的目标奖金。当绩效目标达成时，获得目标奖金。

此外，当绩效目标超额完成时，公司会拿出一定比例的超额利润与员工分享。这样，员工自然有了奋力冲击更高绩效目标的动力。

第二，适配不同业务的差异化。我们有 7~8 个不同的销售渠道，每个渠道下都有一个独立的销售事业部，每个销售事业部都有一套独特的激励政策，实现了真正差异化。

有的事业部以奖金提成制为主，有的事业部以利润分享为主，还有的事业部以目标奖金为主。业务不同，激励设置不同。

第三，适配不同人群的差异化。针对不同人群，销售前台和职能中后台、中高层管理者和基层员工、高绩效和低绩效员工，我们通过对奖金比例、奖金系数、奖金周期、奖金 KPI 等的设计，实现了对不同人群的差异化激励。

组织文化

华为年报摘录内容：

> 坚持"以客户为中心，以奋斗者为本"的核心价值观。持续关心关爱员工，把员工关怀落到实处，不断改善工作生活环境，开展多样性活动保障员工身心健康。

一个充满活力的组织文化应该具有两面性，一方面是偏硬的，强调组织的高绩效、高目标和对人员激励的差异化；另一方面是偏软的，强调组织对员工的人性关怀，充分保障员工的身心健康。

如果组织文化过硬，给员工一种冷冰冰的感觉，这样的环境留不住人；而如果组织文化过软，组织容易变成一盘散沙，关键时刻团队战斗力就会激发不出来。

所以，打造组织文化的一项核心任务就是要做到"软硬兼施"，平衡好高绩效、高目标和人性关怀之间的关系。

我们企业的文化一直以体现人性关怀而被员工称道，创始人和管理层也做了很多工作来提升员工的幸福感。

我们创始人有一个核心理念，即员工在公司里工作需要有幸福感，如果他们在这里待着不开心，那就别指望他们能够做出让客户开心的好产品。

我们平时给员工提供的各种福利和关爱就不用多说了，单说一个小例子：本轮上海疫情过后，很多公司因为业务受影响而裁员减薪。但我们非但没有减薪，反而给员工升级了补充医疗保险。员工在不增加个人负担的同时，还能享受更多的医保实惠，让员工在上海解封之后第一时间收到了一个惊喜。

总而言之，持续关心关爱员工，不断改善工作生活环境，HR 能做的工作有很多。

结语

激活组织、保持组织活力是一项系统性工程，涉及架构设计、人才队伍、绩效激励和团队文化等各个方面，只有多管齐下，同时不断向市场标杆企业学习，假以时日，自己的企业才有可能取得一个理想的效果。

薪酬绩效篇

薪酬绩效是人力资源管理中最有技术含量的一部分工作。以终为始，从业务结果出发来思考薪酬绩效工作；同时具备成本和数据意识，以数据驱动决策，是做好薪酬绩效工作的不二法门。

薪酬倒挂的难题该怎么破

薪酬倒挂，是指后加入公司的新员工薪资水平超过了同等岗位上的老员工的薪资水平。薪酬倒挂容易引发薪资的内部公平性问题，最后导致老员工的不满甚至离职现象的发生。

要解决薪酬倒挂的问题首先需要分析造成这类问题的主要原因。

原因一：市场薪资涨幅超过了公司薪资涨幅

众所周知，在过去十几年里，我国员工整体薪资增长幅度在全球偏高，这也让中国成为今天世界上人力成本较高的地区之一。

而对于企业而言，每年企业的薪酬增长预算受限于自身经营状况及市场薪酬定位，其增长幅度往往是低于市场增长水平的，这样就造成了后来从市场招入的新员工薪资高于企业的老员工。

举个例子，几年前我所在的企业在招聘大学应届毕业生时，月薪7000~8000元是常规水平。而今天，一些顶尖的应届毕业生拿到年薪几十万以上也一点不罕见。

一位做网络搜索业务的互联网公司HR说，现在一些新兴的互联网公司也开始杀入搜索领域。这些公司在市场上挖人时舍得下重金，往往许下的薪资增长幅度以50%起。可想而知，在这种激烈的市场竞争状况下，市场薪资会被抬升到多么高的一个水平。

原因二：公司缺乏常态的调薪机制

我在跨国公司工作时，公司每年都有一次全员调薪的安排。负责调整薪酬的同事会根据市场薪酬涨幅，提前安排一笔预算，然后在年初时根据每个员工的上年绩效和当期实际薪资水平安排调薪。

在这种调薪机制下，绩效好、薪资低的员工往往可以获得更多的调薪，而绩效差、薪资高的员工只能获得较低甚至为零的调薪。通过这种动态调薪机制，可以确保公司员工的整体薪资水平始终保持在一个比较健康的水平上。

如果没有一个常态、合理的调薪机制，公司就无法保证让内部薪资水平与外部市场看齐，也就很容易导致新员工薪资水平不断上涨，而老员工薪资水平长期趴窝的情况。

原因三：公司给员工定薪比较随意

但凡薪酬体系完善的企业，都会在经过岗位评估和市场对标之后，在组织内部建立起一条薪酬架构线（Salary Structure），以此作为每个岗位的定薪之锚。所有岗位的薪资围绕薪酬架构线，在一定范围内上下浮动。这样，就把所有岗位的薪资水平限制在了一个可控的范围内。

现实中，有很多企业内部并没有设置这么一个标准。员工薪资给得比较随意，甚至很多时候是根据老板或主管的喜好来定薪。在这种情况下，各岗位薪资水平差异较大，而后加入企业的员工更容易在薪资上占便宜。久而久之，薪酬倒挂的问题就形成了。

根据以上分析，要有效解决薪酬倒挂问题，可以考虑从以下几个方面切入：

1. 建立薪酬架构，规范岗位定薪

企业可以首先通过岗位评估，建立起正规的岗位职级体系；之后再对标市场同类岗位，结合市场薪酬水平建立自己的薪酬架构，图4就是一种常见的薪酬架构图：

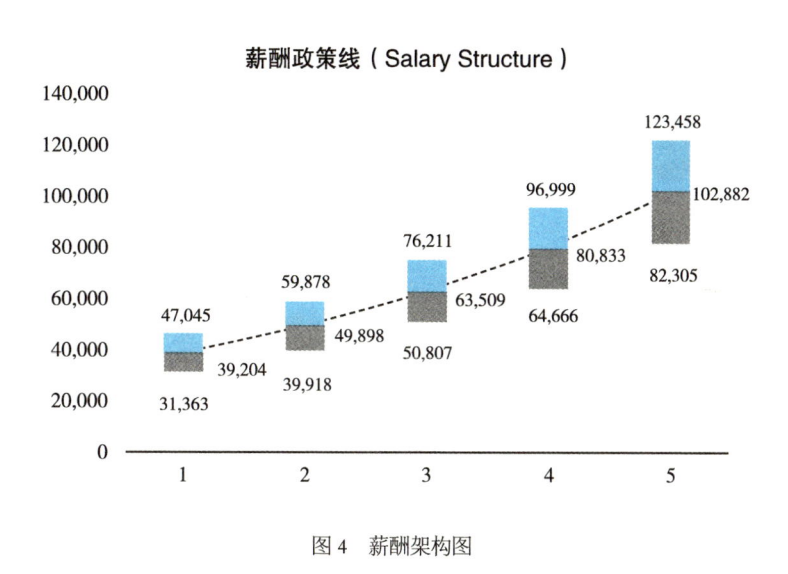

薪酬政策线（Salary Structure）

职级	最低	中间	最高
1	31,363	39,204	47,045
2	39,918	49,898	59,878
3	50,807	63,509	76,211
4	64,666	80,833	96,999
5	82,305	102,882	123,458

图4 薪酬架构图

在薪酬架构图中，每个职级都有相应的岗位最高薪资、最低薪资和薪资中间值。其中，薪资中间值将薪资范围划分为上下两个半区，新员工和新提拔员工的薪资通常在下半区内浮动，而那些资历深、能力强的员工的薪资通常在上半区内浮动（如图5所示）。

薪酬架构也并非一成不变，它每年会随着市场薪资水平的增长进行调整。这样，只要企业能够严格按照薪酬架构来给每个岗位定薪，无论新员工还是老员工，就可以将每个人的薪资控制在一定范围内。

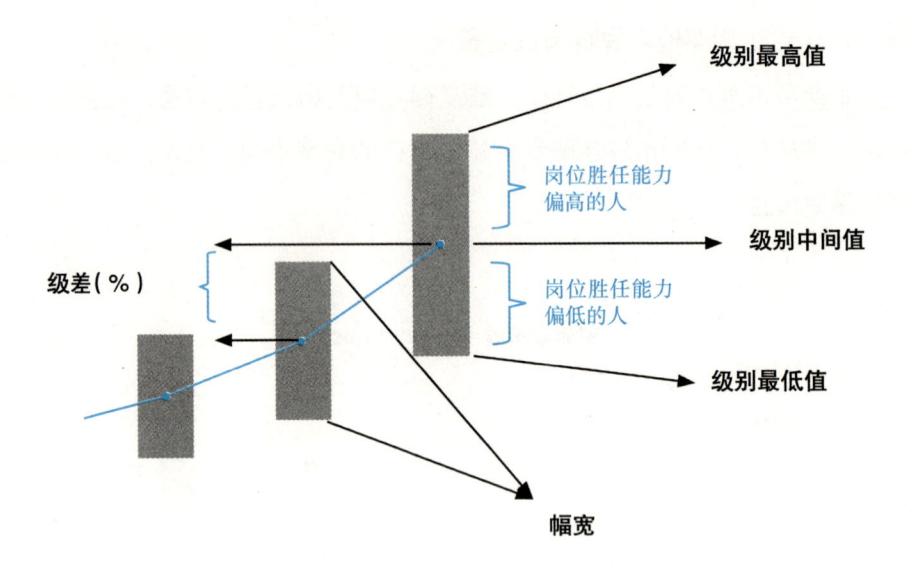

图 5　职级薪资级差示意图

2. 建立合理的调薪机制

因为市场在动态变化，所以合理的调薪机制要求企业每年定期根据市场涨幅来调薪。调薪幅度应该在多少最合理？考虑的因素包括市场涨幅、企业战略需要、人才供给状况以及自身财务情况等。

表1是企业在调薪时经常使用的调薪矩阵，横轴是员工的薪资高低，以薪酬比率来表示；纵轴是员工的绩效结果。这样，每个员工根据自己的薪酬比率（Compa Ratio）和绩效结果就会对应一个相应的调薪幅度。

调薪矩阵最大的好处就是可以帮助解决内部公平性问题。从矩阵所列数字可以看到，绩效越好、薪资水平越低的员工（矩阵左上角），获得的调薪比例越大；绩效越差、薪资水平越高的员工（矩阵右下角），获得的调薪比例越小。

表 1　调薪幅度示意表

薪酬比例 （Compa Ratio）	<80%	80%~90%	90%~110%	110%~120%	>120%
5	15.0%	13.8%	12.5%	11.3%	10%
4	11.3%	10.3%	9.4%	8.5%	7.5%
3	7.5%	6.9%	6.3%	5.6%	5%
2	3.8%	3.4%	3.1%	2.8%	2.5%
1	0%	0%	0%	0%	0%

在必要时，企业也可以从年度调薪预算中单独拨出一部分调薪预算，来重点解决老员工薪资偏低的问题。当然，这种做法一般只建议作为一次性调整。在规范了企业年度调薪的操作之后，这种临时一次性调整的机会只会越来越少。

3. 招聘时灵活利用签约奖金

有时候会遇到市场薪资确实很高，远远高出了企业现有薪酬架构水平的情况，这个时候可以使用其他的薪酬工具。签约奖（Sign-on bonus）是跨国公司常用的一个工具，是企业付给新员工的一次性奖金，它可以作为对新员工薪酬的必要补充。

因为签约奖是一次性现金，不会体现在员工的正常薪酬内，因此也不会对企业造成长期的成本负担。一般企业的签约奖操作惯例是在员工入职时发一部分，剩下部分在员工入职6个月或12个月之后发放完毕。

还有的企业会在劳动合同中规定，如果员工在入职一年内离职，需要按比例退还公司一定的签约金。这样既弥补了员工薪资部分的不足，也能有效避免员工在拿了高额签约金入职后短期内离职的风险。

4. 善用全面薪酬工具

另外，企业也可以考虑使用其他薪酬工具，包括浮动奖金、股票期权等，以此为杠杆来调节员工工资不足的部分。比如，在核定绩效奖金或股票期权时，可以考虑将向高绩效、低工资的老员工倾斜。

此外，按照美国薪酬协会（World at Work）的定义，全面薪酬除了我们日常认知中的现金薪酬之外，还包括绩效与认可、福利待遇、职业发展机会、工作与生活的平衡等因素。

基于此，企业平时在职业发展机会、福利待遇等方面，能够做到多考虑对老员工的倾斜，也可以在一定程度上解决新老员工薪酬平衡的问题。

销售奖金中的常见问题及解决方案

2022 年，我密集地参与了公司销售奖金设计的各种讨论，对奖金设计有一些感悟，主要有以下几点：

销售大小月

年度的销售业绩目标通常会分解到季度或者月度中。销售人员与后台职能人员的工作性质不同，对他们的激励重在即时。因此，最理想的做法自然是将销售奖金分解到每个月或者每个季度发放。

但这样容易出现一个问题：销售人员可能会人为地操纵每月销售目标，最后造成某个月拿到高额奖金，而接下来一个月的奖金可能颗粒无收。这就是销售中经常讲的"大小月"。如果销售人员某个月拿完高额奖金后离职，这就会给公司造成不可挽回的损失。

如何避免？一个办法是销售主管严格制定每月销售目标，杜绝出现月度不合理目标（过高或过低都不行）；另一个办法就是把销售奖金拆分为月度和年度分发，月度达成目标只拿一部分奖金，剩下部分必须全年完成销售目标后才能获得。

销售收入 VS 销售利润

销售奖金的 KPI 到底选取什么指标合适？这里其实没有一个"放之四海而皆准"的答案，关键还是取决于企业的发展阶段和战略目标。

最常见的销售 KPI 是销售收入和销售利润，也有企业同时使用这两个 KPI 的。如果过于倚重销售收入，销售人员会通过大量打折、促销来推动销量的增长，牺牲的是企业利润，甚至会出现销售收入越大，销售人员奖金越高，公司亏得越多的情况。

如果过于倚重销售利润，销售人员可能会砍掉短期的市场和品牌推广费用来追逐短期利润，最后牺牲的是品牌影响力和企业长期发展潜力。

KPI 需要平衡收入和利润之间的关系：如果企业战略是快速抢占市场，尽可能大地获得客户基数，那么就加大销售收入的考核；如果企业已经处于成熟阶段，有一定的盈利要求，那么就加大销售利润的考核。

组织目标 VS 个人目标

给销售人员定奖金 KPI，一个原则是确保考核指标是销售人员本人可以完全掌控的。

一方面，销售收入、回款、费用这些是销售人员个体能够自行控制的指标，这个时候可以考虑使用销售金额、回款比例和销售费比（费用占收入的比例）作为考核销售人员的 KPI。

另一方面，销售利润、客户满意度是销售人员个体较难控制的指标，因为利润可能会涉及产品开发成本、公司后台管理成本、税金等诸多因素；客户满意度与产品质量和售后服务等综合因素相关，也非销售人员本人可以决定的。

因此，销售利润或满意度可以作为整个销售组织甚至整个公司的 KPI，用来考核销售负责人或公司负责人。

销售员工 VS 销售团队负责人

对销售人员个体的奖金 KPI 需要尽量做到简单直接、容易计算。一般建议使用不超过 2~3 项的指标进行考核，可以考虑收入、费用、回款等。如果 KPI 计算太过复杂，销售人员理解起来有困难，也就失去了激励的作用。

销售团队负责人则需要使用综合 KPI，可以考虑从三个方面来考虑指标设置，一是销售业绩类：收入、利润、回款、费用；二是任务类：某个重大工作任务或项目的如期完成；三是组织类：团队成员的培养、销售流程的改善、组织文化的建设。

奖金提成 VS 目标奖金

奖金提成，就是销售奖金按销售收入或利润的一定比例提取；目标奖金则是销售人员事先有一笔基础奖金，可以是固定金额，也可以是底薪的某个比例。根据销售业绩的达成比例，该目标奖金上下浮动，并在一定金额封顶。

提成制计算简单，干得多、拿得多，对销售人员激励足够大。但是，提成制也有一定的缺点：一是销售人员更愿意单打独斗，不利于团队协作；二是奖金完全按照销售收入或利润来计算，会让销售人员忽略对其他影响销售的关键因素的关注；三是销售奖金金额不可控，容易造成整个组织内部员工奖金的不平衡。

因此，提成制在企业初创期或产品上市初期使用较多，因为这时企业处于野蛮生长状态，追求的是产品销量的快速增长。

相反，目标奖金制则可以确保企业在设置销售目标时考虑更全面。另外，奖金封顶可以确保企业内部员工之间的收入平衡。因此，一般成熟企业使用目标奖金较多，比如华为的销售奖金就是目标奖金制。华为的逻辑是，公司销售业绩好并不完全是哪个销售人员个人的贡献，而是产品综合实力和整个组织团队协作的共同结果。

与自己比 VS 与别人比

给销售人员设置一定的销售目标，按照目标达成率获得相应的奖金，这是大部分组织采用的激励方法。

但是，这种设计主要依赖对销售目标设置的合理性，目标设置一旦出现不合理，负面效果就会出现。如果目标设置过于保守，员工轻易能够获得奖金，对公司发展无益；如果目标过于激进，员工感觉无望完成目标，可能早早放弃，损害的依然是公司目标的完成。

有没有办法可以激发销售人员可以自发完成更高目标呢？有，可以采用赛马制。将销售团队切分成多个更小单元，确保每个单元的绩效目标难度系数有可比性（确保相对可比性比确保绝对合理性更容易一些），然后期末按照各团队的目标达成率排名，排名靠前的拿更多奖金，排名垫底的奖金为零或获得很少奖金。

这样做的一个结果是，即便你自己的目标完成很好，但如果别人的完成率冲到了你的前面，你的奖金依然会大幅缩水甚至为零。因此，在整个赛季，每个销售人员和单元都必须奋力冲刺目标，目标达成率越高，才越有可能拿到更多奖金。

结语

销售奖金方案的设计,没有可以现成可复制的最佳方案。组织需要结合自己的行业特点、组织规模、发展阶段、战略目标和团队文化,综合考虑本文列出的六个方面因素,才能设计出一套最适合自己的方案。

如何制定组织的年度人力预算

每年 9~10 月，HR 部门的一项重要任务是要开始制定第二年的组织人力预算。通常流程是，9 月开始制定初版预算，10 月确定最终预算，11~12 月开始提前配置第二年的资源，第二年 1 月开始正式执行新的人力预算方案。

第一部分：制定人力预算的意义

在我看来，制定人力预算并不是单纯地做一些数据计算那么简单，它主要有以下三个方面的重要意义：

1. 科学的人力预算是组织整体战略得以顺利执行的重要保障

人力预算作为组织整体预算的一部分，需要体现出组织第二年的人力战略。

此外，在预算制定的过程中一般会有一个管理层的诉求。战略目标要做什么，不做什么，具体需要配置什么资源，在预算中都要体现出自上而下和自下而上相结合的过程。管理层先制定战略目标，然后人力部门结合该目标提出相应的人力预算，之后管理层再审核、修改，返回人力部门再次修改。

有时，这样的沟通过程可能不止一个回合，会来来回回反复好几次。在这样的反复沟通过程中，部门负责人更加深刻地理解了组织战略，在组织内部也更好地实现了"上下同欲"，为确保第二年组织战略目标的顺利执行打下基础。

2. 人力预算是人力部门未来一年绩效考核的起点

在人力预算制定中，会涉及对未来一年人力资源的具体配置标准，包括编制增加或减少多少、成本增加或节约多少、人员效率提升多少。这些关键指标都来源于行业对标、历史分析和未来预判，同时也体现了管理层对 HR 部门的要求。因此，这些指标也成为 HR 部门下一年绩效考核 KPI 的基准点。

HR 部门的绩效指标该如何合理设置，对此不少人持有疑惑。显然，达成或超越人力预算就是考核 HR 部门绩效的重要指标之一。

3. 发现工作机会点，不断提升工作效率

在预算的制定过程中，我们需要分析来自行业竞争对手、对标公司以及自己历史同期的数据，发现数据之间的差异，分析其中原因，找到日常工作中的机会点，从而不断提升工作效率。

以我们公司为例，从两年前开始，我们把公司人事费用比（人事费用除以营业收入）当作一项重要人力效率指标，对比行业领先公司后提出了未来三年的提效目标，并基于此目标扎扎实实地开展每一项工作来提效。

在此基础上，每年哪怕就降低 1~2 个百分点的人事费用比，对公司整体管理效率以及经营利润的提升，都具有重大意义。

第二部分：制定人力预算的原则

在具体制定人力预算之前，需要确定总体预算底线，也有组织把它叫作预算制定的"铁律"。

先来看常见的几条预算"铁律"：

- 收入增长 ≥ X%

- 利润增长 ≥ X%
- 利润增长速度 > 收入增长速度
- 收入增长速度 > 行业增长速度
- 收入增长速度 > 成本增长速度
- 成本费用率 < 行业平均水平

相应地，人力预算制定也应该遵循一定的底线或"铁律"：

- 人事费用比 <X%
- 人均产值 >X 元
- 人均利润 >X 元
- 人员编制增长速度 < 组织收入增长速度
- 人员编制增长速度 < 组织利润增长速度
- 人力成本增长速度 < 组织收入增长速度
- 人力成本增长速度 < 组织利润增长速度
- 人均营收增长速度 > 组织营收增长速度

守住这样的底线，就可以把组织人力成本增长控制在一个合理范围内。

人力成本最主要部分包括薪资、社保、其他人员费用（补贴、人员离职补偿金等），而最大头的还是薪资和社保。合理控制预算金额，一个有效的办法是把总人力成本拆解成三部分：基础部分、增量部分、战略部分。

按照二八原则，基础部分比例应该占到约 80%，这是保障日常正常工作运营所需要的人力费用。增量部分和战略部分约占 20%，这部分机动灵活，可以随时根据业务需求进行调整（如图 6 所示）。

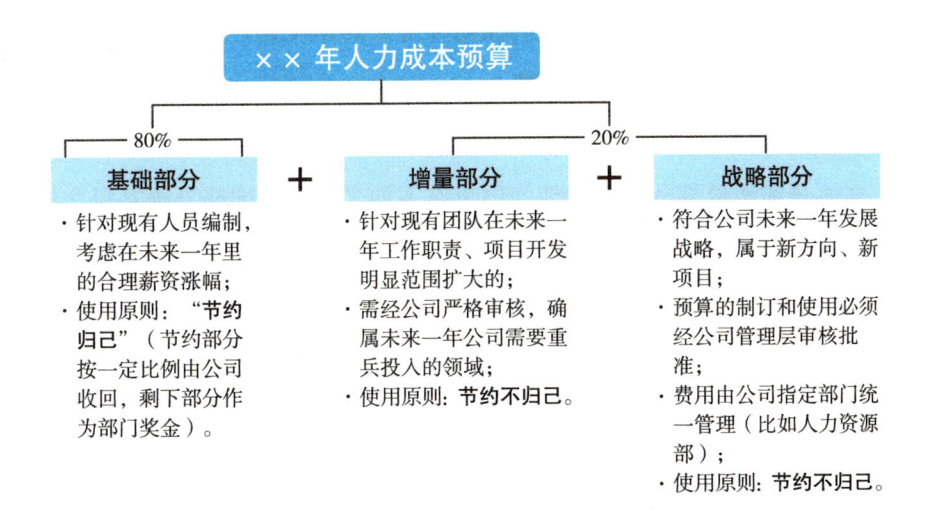

薪酬绩效篇
如何制定组织的年度人力预算

```
                    ××年人力成本预算
        ┌──────────────┬──────────────┐
       80%                           20%
     基础部分    +    增量部分    +    战略部分
```

- 基础部分
  · 针对现有人员编制，考虑在未来一年里的合理薪资涨幅；
  · 使用原则："节约归己"（节约部分按一定比例由公司收回，剩下部分作为部门奖金）。

- 增量部分
  · 针对现有团队在未来一年工作职责、项目开发明显范围扩大的；
  · 需经公司严格审核，确属未来一年公司需要重兵投入的领域；
  · 使用原则：**节约不归己**。

- 战略部分
  · 符合公司未来一年发展战略，属于新方向、新项目；
  · 预算的制订和使用必须经公司管理层审核批准；
  · 费用由公司指定部门统一管理（比如人力资源部）；
  · 使用原则：**节约不归己**。

图6 人力成本的二八原则

1. 基础部分

即在现有员工存量基础上加上每年的合理增长得到的预算。举个例子，假如组织今天有100个人员编制，在满编的情况下，编制无任何增长，根据明年合理的年度成本增长比例（具体比例可参考年度CPI增长等社会经济指标），确定全年最终的人力成本。

我们经常会遇到业务部门无节制地提出加人需求，如何有效避免这种情况？答案是可以通过人力预算来加以调节和控制。可以考虑"节约归己"，将这部分预算全年结余部分，按一定比例返回给部门作为奖金。也就是说，部门用人越少，节约预算越多，每个人的奖金就越多。这样可以把部门负责人少用人、多提效的积极性有效激发出来。

2. 增量部分

这是根据业务预测，在明年现有业务规模扩大或新增业务领域前提下出现的人力成本增加。业务增量需要考虑多方因素，主要包括现有行业与技术的发展趋势，然后根据组织整体的战略部署来具体规划。对于增量部分的预算一般采取"节约不归己"的原则。

3. 战略部分

这部分和增量部分有点相似，但也有不同之处是，这部分预算完全根据公司战略聚焦领域来安排，可能会存在较大不确定性。

需要注意的是：一是公司战略聚焦的领域不可能太多，一般不超过 3~4 个重点领域；二是不确定性较大，项目可能发生，也有可能不发生。公司需要为这些不确定性提前准备资源。

战略预算主要是面对未来的投入，它的使用更多来自公司高层的决心。对于这笔预算，一定要确保专款专用、独立核算，以真正保障战略落地和公司的可持续发展。

比如，组织未来可能需要招聘某个重点岗位的人才，但是候选人薪资过高，用人部门出于本部门成本控制的担心，不愿意考虑这样的候选人。此时，组织就可以动用战略预算来达到目的。

和增量部分相似，对战略预算一般也是适用"节约不归己"原则。

第三部分：人力预算的过程管理

人力预算并非制定好之后就一劳永逸，它的完美执行还依靠未来一年之内持续不断的跟进。

组织可以设立月会、季会、半年会等机制，随时跟踪预算的执行，及时发现预算执行中出现的问题，实现闭环跟踪、管理问题、解决问题、提升效率。

此外，组织还需要在过程中设立弹性预算机制，可以根据业务和市场的变化滚动调整预算，给予预算一定的弹性空间。当业绩增长超过预期时，相应增加预算；当业绩增长低于预期时，调低预算。

需要注意的是，在对预算执行的日常跟进中，要避免对问题分析不深入、不全面。对于实际与预算有不同的地方，一定要做到以数据分析为基础，用事实说话。

在预算过程管理中经常需要的数据包括：

- 基准点数据
- 年初或滚动预算数据
- 实际完成数据
- 预算与实际差异分析数据
- 方案改进数据

关于组织绩效管理的年终思考

2022年，我有机会参加了领教工坊组织的绩效管理课程，主讲老师是一位非常有名的企业家，是曾担任过光明乳业总经理和董事长的王佳芬老师，她也担任过平安集团高管，今天还是活跃在中国商界的一名资深商业教练。这次课程的学员也以企业家及其高管团队为主。

从一名成功企业家的角度来看绩效管理，和之前经常从人力资源角度对绩效管理的认知有诸多不同，我在课后第一时间对全天的收获写下了一段总结：

> 战略规划—预算管理—绩效管理是实现公司战略目标的一项系统工程，它也是落地企业文化、提升主管领导力和实现员工职业成长的最佳路径。

在对本次课程复盘时，我记录了一些对本次课程的思考。

系统工程

战略规划、预算管理和绩效管理都不能分割来看，它们并非独立存在的管理职能模块，而是紧密结合在一起的一项系统工程。组织需要依靠这条主线，去指导日常的管理动作，最终实现组织目标。

战略规划是五年以上的目标规划，指明了组织的方向和未来。过一年算一年、对未来不做任何思考的组织是没有希望的，个人也是如此。明确了未来的方向，才有希望让组织每年不断增长，去实现那些有挑战的目标。

战略管理的核心是描绘出企业 5 年后、10 年后的彩色画面，是用未来需要具备的能力来要求组织不断发展、持续进步。

预算管理是为战略目标的实现而制订的具体的明年经营计划，它是为战略执行配置资源的关键抓手。预算管理需要组织一把手亲自负责，同时发动组织全员参与。

绩效管理实质就是落实预算管理中的每一项具体目标，帮助把组织目标与每一名员工的日常工作具体联系起来。

绩效管理和绩效考核的差异

绩效管理并不等同于绩效考核。绩效考核只是整个绩效管理中的一个关键环节。绩效管理既有过程，也有结果。

过程是上下级一同讨论组织目标，制定相应的行动举措，为目标配置相应资源，并且在日常工作中落实跟进；结果则是组织实现业务目标，主管提升了领导力，员工也得到了更好的职业发展。

一旦从这个全新角度去认识绩效管理之后，就不会再把平时公司要求的绩效工作视作一个要硬着头皮应付的差事，而是将它变成一种可以发自内心的管理动作。

绩效管理和员工的关系

绩效管理是组织实现经营目标的根本保障，它不是哪一个主管的任务，而是和组织中每一名员工的切身利益息息相关。

员工参与到绩效管理的全流程，同心协力帮助组织实现了增长目标，组织会变得更优秀。自然地，员工自己的身价也相应得到了提升。

为什么今天很多人都愿意去大厂？因为平台好、薪水高。但是，如果每个人都努力工作，也有可能将自己所在的平台变得更好。如果平台升值，个人身价自然也水涨船高。

所以说，做好绩效管理，也是每一名员工的责任，和他们自己的切身利益是息息相关的。

绩效目标

组织的绩效目标必须连年增长。只有业绩不断增长，才能创造出更多的机会给优秀的人，优秀的人才有望继续留在组织中。如果组织绩效没有增长，优秀人才会选择离开。

平安曾经制定类似的增长"铁律"：企业净利润必须每年增长至少25%；人均劳动生产率必须高于上一年。

组织绩效不是靠躺着就能增长的，高于市场的发展倍速到底从哪里来？要结合市场、行业、竞争对手等多方因素给自己提出具有挑战性的目标。组织必须要和当下相比做出改变才可以。

结合组织目标，每个人都要对自己有一个灵魂拷问：为了帮助组织实现明年的增长目标，要做出哪些改变？具体做好哪几件事？

某大型餐饮连锁创始人现场分享，自己能够完成2021年的经营目标，具体是做好了以下三件事：一是旗帜鲜明地提出了高增长目标，并且让所有中高层耳熟能详；二是创建了一套智能化的商业数据报表系统，可以实时跟踪全国上千家餐饮店的收入和利润情况；三是设立月度经营分析会，每月实时跟踪公司的经营目标进度，并随时做出改进措施。

针对新的一年更加具有挑战性的增长目标，该创始人提出要做出三个改变：一是腾笼换鸟，将地理位置不佳的店换到位置更好的地方；二是菜单年轻化，更加吸引年轻人；三是相应的品牌也要年轻化。

干部的角色

高层干部和中层干部在战略—预算—绩效这项系统工程中的角色是有差异的。

高层干部需要具有使命感，不断地提升自我格局和能力，实现自我成长。高层要能走在组织的前面，以自己的成长来引领组织的成长。

中层干部要有紧迫感，随时跟得上组织的成长，同时利用组织的成长带动自身成长。

绩效管理就是过程管理

做好绩效管理的关键是过程管理，针对组织的目标一层层地制定相应的关键举措，然后把这些关键措施落实到业务、项目和时间中去。

每一个人都要和组织通过签订绩效合同来明确自己要承接哪些具体工作。

从根本上讲，绩效管理就是一个不断行动、不断反思和不断改变的过程。没有改变，就不能带来业绩实质的突破。

原平安集团的董事长马明哲，每个周六必定留出半天闭门反思；王佳芬老师已经是 70 岁高龄，依然保持每天晚上写日记、做反思的习惯。

有了以上的过程管理，你会发现在每天时间过得飞快的同时，自己每天的工作也都很充实。

绩效管理不只关于事，更是关于人

从战略管理到预算管理再到绩效管理，是一个科学的管理体系，是志存高远又脚踏实地的企业发展观，更是组织与人的成长发展观。

绩效管理把人和事连接起来，重点放在人的能力提升上。

主管要通过预算和绩效管理为下属配置资源，为下属提供工作指导。经过一个完整的工作过程，下属提升了个人能力，有了更好的职业发展。

所以说，绩效管理既是关于事，更重要的是关于人。平安集团的董事长马明哲曾经每月定期与每名下属做绩效谈话，谈完后有一半的下属都会哭着离开。只有那些把人推出舒适区的谈话和举措，才能真正让人实现成长。

绩效考核的原则

绩效考核只有执行公平、公正、透明的原则，赏罚分明，才能真正提升优秀人才的积极性。奖励什么人、惩罚什么人，是组织文化导向的体现。

阿里的规则是，对员工奖要奖到心动，罚要罚到心痛；华为对干部队伍每年有 10% 的硬性淘汰制度。

平安集团的员工绩效按 20、20、30、20、10 的比例强制分布；前 20% 的人奖金系数达到 1.7；每年绩效排名最后 10% 的人一定会被淘汰；连续两年排名前 20% 的人会被晋升，加薪幅度可以到 25%。

职能部门的绩效考核

很多人认为财务、HR、IT 等职能部门的绩效考核难以量化。其实，这些部门依然是可以被量化考核的。

首先要思考的问题是职能部门能够承接哪些组织战略目标？职能部门的高管们到底是被请来完成什么工作？他们干好一项工作的标准到底应该是什么？

接下来再思考一下同行其他企业是如何考核这些职能的，答案很快就会水落石出。职能部门的指标每年都要优化，无论是费用、流程、效率等，每年都必须比上一年有提升。

HR 在绩效管理中的角色

人力资源部负责设计体系，制定规则和帮助建立机制，同时保证提供正确的数据，统筹和协调上下、左右、前后和时间的关系及矛盾，接待投诉。

绩效考核的内容一定简单清晰，让每个人都能懂（看懂是明白要做什么，做了后可以得到什么）是最重要的，懂了他就会认真工作。

HR 的职责是指导、推动、督促和服务。组织常常将绩效管理的重任只压在 HR 身上，忽略了绩效管理是公司所有人的事，是各级主管要干的事。

绩效管理与组织文化

高绩效组织文化不是只靠喊口号。将绩效管理的每一个动作做到位就是组织文化的一种体现。

从战略规划到绩效管理，从预算制定到结果考评，这是一个管理闭环。

各级主管只有参与到这个闭环中的每一个环节，包括每一次计划制定、员工动员、结果考评、一对一谈话，才能和员工建立起真正的信任关系。

各级主管不断提升自我水平，带领所有人向前走，让所有员工更有自信、收入更高，这就代表了一种领导力，也是组织文化最好的落地。

数据分析篇

懂得如何与人打交道是一项软技能；懂得如何分析数据，通过数据驱动决策，是一项硬技能。传统的HR们，往往擅长的是前者，短板在后者。要成为一名面向未来的优秀HR，两手都要抓，两手都要硬，实现"软硬兼容"。

人力数据分析为什么火

人力数据分析（People Analytics）是近几年在人力资源领域被讨论得越来越多的一个话题。波士顿咨询公司在2017年出版的一份报告中指出：未来，影响组织对人才需求的六大因素之一，就是大数据和高级数据分析技术。

无独有偶，德勤公司（Deloitte）也曾经在2017年的年度全球人力资本趋势报告中提到：人力数据分析会成为未来五年人力资源最重要的发展趋势之一。德勤在报告中这样写道：

> 人力分析团队会更加成熟，他们不再只是简单地管理和处理统计数据。预计我们可以看到人力分析从人力资源内部的一个不起眼的职能，发展成为一个重要的业务运营职能……
>
> 随着所有的数据变得更加容易可得，人力分析团队在各个领域的重要性会日益显现，包括：管理、领导力和人力资源管理等。设计每一项政策、推出每一项福利以及组织面临的每一次变革都应该以数据为依据。

其实，人力资源一直就是一个频繁与数据打交道的部门。常见的人力职能，无论是招聘、薪酬还是绩效，最后的工作结果都是与数据分析分不开的。

那么，为什么人力数据分析这个话题近两年突然火起来了呢？据我的分析有以下三个原因：

第一，信息技术和数据分析工具的日益成熟

今天互联网技术的发展，让我们收集和分析海量数据成为可能。通过收集数据、分析数据，找到数据背后隐藏的规律，预测数据未来的变化趋势，是今天人工智能技术的基础。无论是淘宝购物还是滴滴打车，都让我们每一个人感受到了现代数据分析技术的神奇并从中受益。

同样地，分析技术的发展也让人力资源有机会脱离原有的手工作业模式，利用新的方法来收集和分析关于员工和市场的大量数据，从而更好地服务人力决策。今天，很多公司将人工智能技术应用到员工招聘上，既节省了人力成本，又提升了工作效能，就是对最新数据分析技术应用的一个印证。

第二，数据分析开始改变众多的业务部门

那些与数据打交道最多的部门，包括生产、运营、市场、销售、财务等，都开始应用最新的数据分析技术来指导工作。今天，随着市场环境的变化，数字化转型成为很多企业打造自己核心竞争力的手段之一。

我前不久采访过的一位500强公司董事长甚至断言："那些到现在还没有考虑数字化转型的传统行业公司，未来只有死路一条。"而数字化转型的基础，就是要求身在其中的每一个人都具备数据分析思维和一定的分析技能。这里当然也包括人力资源从业者。

第三，人力资源职能自身的发展需要

尽管人力资源长期就是一个广泛与各种数据打交道的部门，但是出于自身基础和重视程度的原因，很多人力资源从业者在面对大量数据时，要么视而不见，要么无从下手，无法像他们的业务伙伴们那样将数据转化为服务于工作目标的一种重要资源，很多人最后还是在依靠主观经验在工作中做决策。

当人力资源的业务伙伴们都纷纷通过数据分析来驱动决策时，人力资源从业者未来靠主观经验来做决策到底还能够走多远，值得打一个巨大的问号。

在这方面，世界上人力数据分析应用领先的公司谷歌给我们树立了一个标杆：谷歌的人力资源部门名字并不叫 Human Resources，而是叫人力运营（People Operations）。

谷歌之所以用"运营"这个词，也是希望人力部门能够像其他业务部门一样重视数据，以科学的数据分析而不是靠主观经验来做出日常工作决策。

谷歌前任人力副总裁拉斯洛曾在《重新定义组织》一书中提到："谷歌的任何人力决策都不是来自哪个最佳实践，而一定只会来自内部的数据分析。"

尽管数据分析对人力资源这个职能十分重要。但是，现实中很多人力资源从业者准备开始学习数据分析时，发现难以找到一本合适自己的书籍可以入门。

现在，这么一本《人力数据分析精要——建立数据驱动人力决策的思维》的书终于弥补了这一空白。

你如果未来准备系统学习人力数据分析知识，或者准备在公司内部开展人力数据分析应用，那么，本书可以成为一份很不错的路线图。

作者埃里克·范·沃普恩在书中系统全面而又深入浅出地介绍了人力数据分析的发展史、一般的分析流程以及常用的分析技术。这些内容可以帮助你迅速了解人力数据分析中最重要的思维、概念和应用。

你如果读完本书再去学习更加系统深入的人力数据分析技术，就比较容易能做到有的放矢和事半功倍。

（本文为《人力数据分析精要》译者序）

人才盘点项目的成败用什么指标测量

一位朋友公司因为要做人才盘点，和我讨论盘点流程和工具时，数据分析的思维又涌上我心头，于是忍不住问了对方一个问题：你准备用什么指标来衡量人才盘点项目的成败？

没想到这个问题把她难住了。之前只想着怎么实施，但是没有想过如何衡量最后的结果。假如成果无法衡量的话，别人又如何相信项目成功了呢？

广义的人才盘点除了盘点环节，还包括后续的继任者规划、人才发展等一系列步骤。要回答上述问题，不妨把整个流程中的所有工作放到一起来通盘考虑。这里我用一个四级测量模型来做一个梳理（如图7所示）。

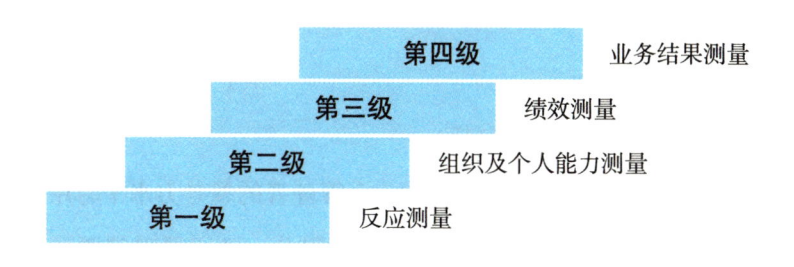

第四级	业务结果测量
第三级	绩效测量
第二级	组织及个人能力测量
第一级	反应测量

图7　人才盘点四级测量模型

第一级：反应测量

反应测量是最基础的测量，一般是评估项目参与人员对项目实施过程的满意度。项目一结束，即可通过问卷调研来收集数据。在问卷设计中，可以考虑设计问大家一些关于对项目的直观感受的问题，比如可以问：

- 您是否认为本次盘点工作的时间安排合理？
- 您是否认为本次盘点工作达到了既定目标？
- 您是否认为HR、业务部门为本次盘点工作做了充分的准备？
- 您是否认为管理者们在人才盘点会上充分表达了自己的意见？
- 您是否认为管理者在人才盘点会上客观公正地盘点了人才？
- 您对本次盘点项目是否总体满意？

根据问卷答案做数据分析，可以有助于找到本次盘点的亮点以及未来待提升之处。

第二级：组织及个人能力测量

这个步骤可以选取的指标包括：

一是360调研得分：该调研在评估一个管理者的领导力水平时用得较多。通过对比一名管理者在人才项目前后的调研得分，可以看出其领导力水平是否有所提升。

二是岗位胜任率：指标反映了员工的胜任力水平是否满足所在岗位的要求。具体公式为：

（能力胜任的员工人数 ÷ 所在岗位数）×100%

如果企业已经建立了胜任力模型的话，可以通过下面这种方式来量化评估一名员工是否胜任所在岗位（如表2所示）：

表2　胜任力量化评估表

胜任力	重要性			能力等级					职位分数 （重要性 × 能力等级）	个人实际 能力等级	个人 分数
	1	2	3	1	2	3	4	5			
分析能力			3			3			9	2	6
决策能力		2					4		8	3	6
团队能力		2				3			6	3	6
								总分	23		18
								匹配度	100%		78%

假如企业要求员工的能力得分达到80%才算胜任的话，78%的得分就属于不胜任。通过计算人才盘点及人才发展项目前后的人才胜任率，可以看出项目是否有效提升了人才胜任力。

三是关键岗位继任率（Readiness Rate）：继任者计划也是人才盘点项目中的一个关键环节。通常企业在安排继任者的时候会分作三类：第1类是短期内（比如一年）即可继任的；第2类是1~3年即可继任的，第3类是3~5年才能继任的。三类继任者用不同的颜色标注，如图8所示：

图中深蓝色的第1类继任者对企业来说是至关重要的。计算公式为：

关键岗位继任率 =（拥有第1类继任者的关键岗位数量 ÷ 全部关键岗位数量）×100%

然后对比人才项目前后的继任率变化，得出企业人才状况是否有所改善的结论。

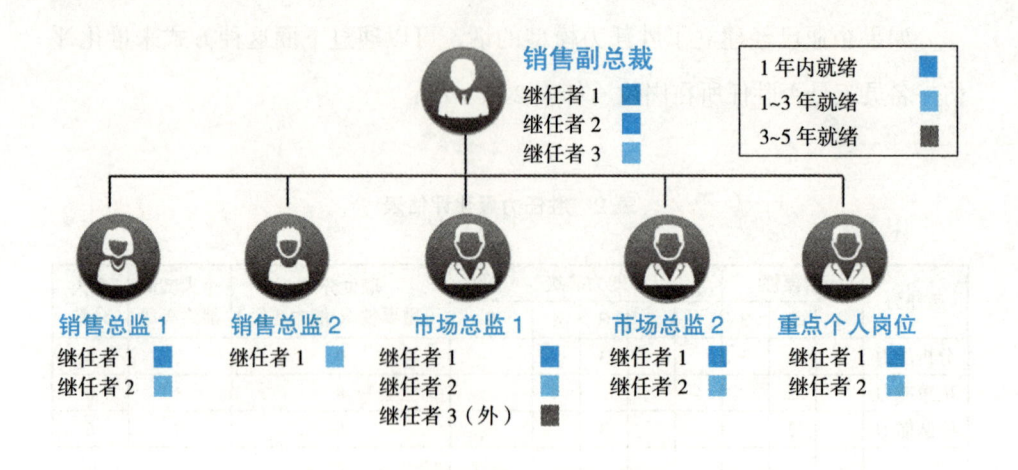

图 8　继任者计划的组织架构图

四是 IDP 就绪率和完成率：这是一个动态指标，用来衡量管理者在人才盘点项目结束后对后续人才发展方案的执行到位情况。IDP 即个人发展计划（Individual Development Plan）。具体公式为：

IDP 就绪率 =（已制订 IDP 的关键人才数 ÷ 全部关键人才数）× 100%

IDP 完成率 =（已按期完成 IDP 的关键人才数 ÷ 全部关键人才数）× 100%

第三级：绩效测量

这一级别旨在衡量项目是否为人力资源绩效工作带来了改善，可以考虑的衡量指标包括：

一是重点人才离职率：从盘点中脱颖而出的公司重点人才，理应受到资源倾斜，接受重点培养。如果这些人在未来一年内离职了，也从一个侧面说明了这次人才项目的失败。

二是重点人才晋级率：经过盘点和培养的重点人才有多大比例在一年内获得了晋升。

三是重点人才高绩效率：有多大比例经过盘点和重点培养的人才在下一个绩效周期获得了良好及以上等级的绩效评估结果（假设绩效等级分五档，从高到低分别为：优＞良＞中＞一般＞差）。

四是敬业度调研分数：对于接受盘点的管理者，如果企业定期实施敬业度或文化调研的话，还可以参考其团队的调研得分是否有所改善。

五是关键岗位内部招聘率：在公司开放招聘的关键岗位中，有多大比例的岗位的最终候选人来自内部人才培养。我之前任职的一家跨国公司曾要求关键岗位内招率要达到至少80%。

第四级：业务结果测量

做人才盘点和人才发展，最终目的还是为业务服务，帮助组织的业务绩效改善。

常见的业务结果指标包括以下几类：

- 产出：销售额、新客户数、利润额、产量等
- 质量：质量合格率、返工产品比例、意外事故、浪费等
- 成本：劳动成本、原材料成本、运营成本等
- 效率：库存周转率、流程时间、响应时间、处理时间等
- 客户：客户满意度、老客户保留率、品牌形象等

尽管在业务结果和人才项目之间建立起直接联系比较困难，但是这并不妨碍我们关注业务结果。这样做可以促使我们在设计人力项目时，始终具备"以终为始"的思维，确保项目结合业务需要而不至于跑偏。

结语

前文归纳了四级测量方法，但不代表你一定要把所有的指标都选择来用，企业完全可以根据自己的需要来做动态调整。

在实际应用时，建议先评估一下自己目前已经处于哪一级，未来希望做到哪一级。此外，企业是否具备收集相关数据的能力和手段也是一个需要提前考虑的因素。

人效分析的前置指标有哪些

一位朋友向我请教一个关于人效数据分析的问题：

> 我们企业也面临人效提升，但人均毛利、人均利润这些财务指标都是结果指标，比较偏后。如果想前置、管控，可以用什么方式和指标呢？

要想更好地通过前置指标来管理人效，首先，我们需要来看一下人效是如何计算的。常见的人效指标分两种：

第一种是人均产出：分子是公司的产出，可以是销售额、利润额这些财务指标，也可以根据公司行业性质是产量、销售面积、开发面积、客单数、用户数等这些产出指标，分母为员工人数。

第二种是单位投入产出：分子一般是公司产值或销售额，分母为公司对员工的成本投入，包括工资、奖金、分红、社保、福利等。计算的结果是公司每给员工投入一分钱可以获得多大的收益。

要做好人效指标的控制，必须先确立人效标准。标准可以有两个维度，第一个和自己比，也就是根据过去的历史数据，今天的人效应该处在什么合理水平上；另一个是和别人比，对标同行业的标杆企业，这个一般可以参考上市公司年报披露的数据。

建立标准之后，接下来就可以从以下几个维度来做人效的前置分析。

时间趋势分析

如公司考核的人效指标是按年或季度计算的，那么这时前置的指标可以是频率更高的按月或按周计算的人效指标。通过制作曲线图来做时间趋势分析，可以得出公司人效是在走低还是走高，或者中间是否出现了异常的波动、拐点，以此实现前置监控的目的。

细分分析

趋势分析考虑的是时间维度，细分分析可以考虑空间维度。将整个公司的人效指标进一步拆解为按部门、区域、团队计算的人效指标，然后通过横向对比各自相互之间的水平，找出其中的异常值、洼地，以便及时提前采取介入措施。

例如，表3就是某汽车经销商集团做的各店面之间的人效指标分析。通过对比，很容易找到那些需要进一步重点关注的店面。

表3 人效指标分析表

序号	店铺	销售部人均收入	销售人均毛利	销售部人均台次	销售顾问人均台次	展厅人均台次	网电人均台次
	××品牌	108.11	5.10	3.03	4.76	4.39	6.42
1	店面1	175.79	8.49	4.27	6.27	4.44	12.83
2	店面2	196.91	5.91	4.74	6.49	4.35	18.83
3	店面3	116.81	4.75	3.2	4.75	4.80	4.58
4	店面4	99.93	2.52	2.64	3.61	2.35	30.67

数据分析篇
人效分析的前置指标有哪些

续表

序号	店铺	销售部 人均收入	销售 人均毛利	销售部 人均台次	销售顾问 人均台次	展厅 人均台次	网电 人均台次
5	店面 5	118.17	5.83	3.21	5.13	4.58	7.33
6	店面 6	108.72	7.27	2.83	3.67	3.22	4.73
7	店面 7	134.99	6.87	3.97	5.67	5.40	6.33
8	店面 8	104.74	4.80	2.87	4.78	3.70	7.75
9	店面 9	107.49	4.11	3.31	5.89	5.67	5.22
10	店面 10	77.18	2.46	2.35	3.6	3.26	5.89
11	店面 11	103.08	4.08	2.63	4.67	6.00	3.00
12	店面 12	88.33	5.40	2.21	3.58	2.11	6.50

注：人效指标划分为四档并以相应的颜色示意：第一档，75~100分位，标深蓝色；第二档，50~75分位，标浅蓝色；第三档，25~50分位，标深灰色；第四档，0~25分位，标浅灰色。

人力成本分析

前述两类人效指标的分母都是和人相关，一个是人数，一个是人力成本。假如连续一段时间公司的产出都保持一定比例，那么随着人数或人力成本的上升，单位产出便会降低。因此，在更短的时间周期内监控人数或人力成本的增长趋势也是很有必要的。

这种情况下，可以考虑的前置指标包括：每月的员工数、环比的员工人数增长率，以及每月的人力成本金额（包括工资、奖金、福利和其他人员费用）、环比的人力成本增长率。

人才关键指标分析

可以设想一下，假如每个员工都能在工作中发挥出最佳状态，那么人效也一定会得到相应提升。因此，我们也可以围绕这个维度来考虑那些既能够容易获取，又可以帮助发现人员状态的前置指标。

161

人才供给类：岗位的招聘平均时长、空岗率、试用期人员通过率。

工作氛围类：员工敬业度得分、满意度得分、组织氛围得分。分析同比和环比的分数变化趋势；也可以按部门、区域和团队来进一步细分，对比各单位之间的分数差异。

人才发展类：每月员工主动离职率、低绩效员工的绩效改进率、人员培训完成率、员工的岗位胜任率或人岗匹配率。

以下为具体计算公式：

每月主动离职率 = 每月员工主动离职人数 ÷【（月初员工数 + 月末员工数）÷ 2】

员工绩效改进率 = 完成 PIP 计划的人数 ÷ 低绩效人数

人员培训完成率 = 完成公司要求培训计划人数 ÷ 总员工数

岗位胜任率 = 达到岗位胜任力水平人数 ÷ 总员工数

结语

前面列出了很多可供参考的前置指标，并不代表在实际工作中都需要拿来使用。你只需要根据自己的工作特点和现阶段的业务重点，挑选其中的某些项作为考虑即可，毕竟对日常工作最重要的考虑还是要聚焦、聚焦、再聚焦。

只研究成功案例容易翻船，教你一个小方法

学习企业的成功案例，在管理中非常常见，但也容易随之产生一个问题：只学习那些成功的公司，容易陷入一种典型的、带有选择偏见的数据陷阱中，因为这些成功个例不一定能代表总体。

比如，我现在关注企业文化建设比较多。但是，是否所有重视文化建设的企业最后都像阿里巴巴那样成功了呢？我们一方面可以研究阿里巴巴、字节跳动、华为这样的成功案例。但是，另一方面是不是也存在这样一种可能：有相当一部分企业照做，但实际效果并没有那么好，甚至有些企业已经消失了，所以我们也无从获得它们的案例和数据了。

所以，如果只研究那些成功的企业，简单得出管理实践和成功之间的因果性，很容易造成误导性。

因此，要有效避免数据偏差，最重要的是获得完整数据，把所有成功的和失败的案例全部集中在一起研究。但是，现实却是，很多时候关于失败案例的那些数据我们无法取得，手上仅存的就是成功案例数据，这个时候又该怎么办？

统计学家替我们开发出了一些工具，可以帮助纠正数据偏见。中心极限定理是统计学中常用的一个基本方法，其基本原理是根据数据的分布规律，利用样本数据特征去推断整体数据特征。

这句话有些拗口，我尝试用最简单的语言介绍一下这个定理，然后再用

一个具体的案例来讲讲它的应用。

中心极限定理定义：假设有一个总体数据（比如制造业所有企业的离职率），如果从该总体中多次抽样（每次抽50家制造业企业），那么，理论上每次抽样所得到的样本平均值（50家企业的平均离职率）和总体平均值（制造业行业的平均离职率）应该差别不大，大致围绕总体平均数中心呈正态分布（如图9所示）。

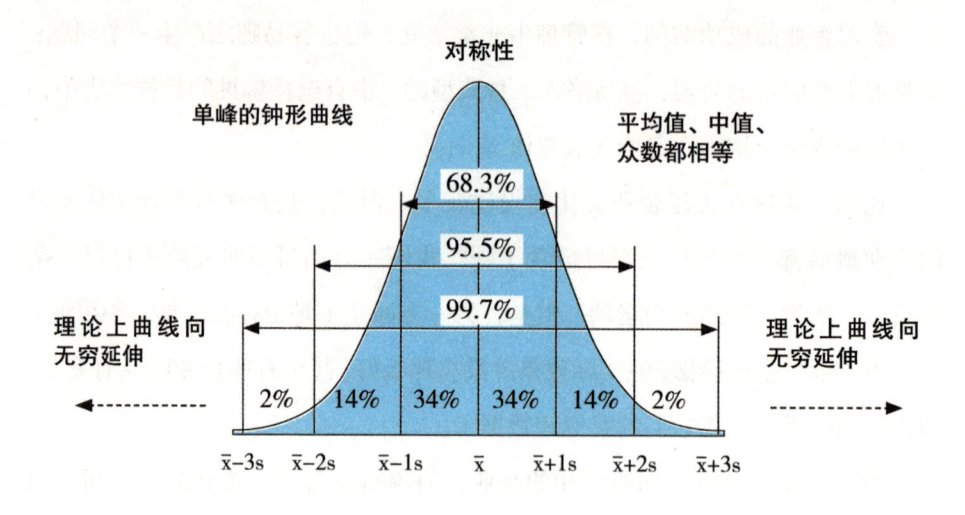

图9　总体平均数中心呈正态分布示意图

而一旦数据呈现正态分布，就有规律可循。在正态分布中，大部分数据围绕数据的平均值在两边分布，越往两头（数值越极端的数据）数据量越少。

其分布规律为：有68.3%的数据分布在距离平均值一个标准差的范围内；有95.5%的数据分布在距离平均值两个标准差的范围内；有99.7%的数据分布在距离平均值三个标准差的范围内。

根据以上图形我们可以得知，一旦知道了总体数据平均值（所有制造业企业的平均离职率）和总体数据的标准差，我们就可以知道样本平均值（某

50家制造企业的平均离职率）落在总体平均值两侧任何一个标准差范围内的概率。

然而，事实总是相反，我们通常只知道样本数据的平均值（某50家制造企业的平均离职率），然后去估计总体数据平均值（制造业行业的平均离职率）。由于总体的平均值和样本的平均值是对称的，假设某个样本的平均值落在以总体平均值为中心的两个标准差之内，所以，我们也可以说，总体平均值被包括在以样本平均值为中心的两个标准差之内。

不过，这里要推导出总体平均值，还有一个未知数：样本平均值的标准差。统计学上的一个处理办法就是，用样本（50家企业的离职率）标准差除以样本容量（n=50）的平方根，来推算样本均值的标准差。

具体应用如下：假设目前有一个样本，是50家制造业企业的离职率，其平均值为10%，该样本的容量为50，50的平方根为7.07，样本均值的标准差就是10%÷7.07=1.41%。以10%为中心对应的两个标准差的距离分别是（10%+2×1.41%=12.83%）和（10%-2×1.41%=7.17%）。两个标准差在正态分布中的概率是95.5%，所以，我们有95.5%的把握认为制造业整体的企业平均离职率在7.17%~12.83%。

上面的"7.17%~12.83%"是一个区间，也就是统计学里常说的置信区间。

就这样，我们就从样本推导出整体，利用冰山一角去推导冰山的整体，实现了对数据的无偏见推导。该方法的应用很广，比如，我们平时在测算行业人效、投资回报比、净资产回报的关键数据指标时，尽管手上只掌握了有限的样本数据，也可以利用这个方法来粗略地估测更大范围内的行业平均值。

结语

每个人都渴望学习商业中的成功案例，这无可厚非。但是，我们也不能无视数据偏见带来的误导和陷阱，如果我们在研究一个案例或数据时，能够对数据做全面的审视、对成功和失败的案例给予同样的充分考虑，最终获得适合自己实际情况的解决方案也就更有可能了。

细说组织人效的提升

所有的组织文化建设和组织能力建设，如果不能带来整个组织效率的提升（其中包括人效的提升），那就都属于中看不中用的"花架子"。

要提高人效，我们需要先从理解什么是人效指标开始：

人效指标

所谓人效，一般理解就是单位人均效能，比如人均产值、人均利润这样的指标。如果从人力数据分析指标的角度来看，人效指标可以分为三类：

1. 人均类指标

分子一般是产出，通常用财务指标衡量，分母一般是指企业的员工人数或人力成本。比如：

人均销售额 = 组织总销售额 ÷ 员工人数

人均产值 = 组织总产值 ÷ 员工人数

人均利润 = 组织净利润 ÷ 员工人数

另外，根据不同的行业，企业也会使用具有行业特点的产出指标来衡量人效，比如：物业管理公司可能使用人均管理物业面积（平米）、电商企业可以用人均获客数量、工厂可以用人均产品数量，等等。

2. 元均类指标

分子仍然是产出，但分母换作企业的人员薪酬福利总额，包括工资、奖金、提成和社保等。元均类指标一般用来衡量每投入一分钱的人员费用，会给企业带来多大产出，比如：

元当产值＝组织总产值 ÷ 薪酬福利总额

人力资本投资回报率＝组织净利润 ÷ 薪酬福利总额

3. 占比类指标

也即人员成本在组织总销售额或总运营成本中所占比例，占比越高，说明人工成本越高，也意味着人效可能越不占优势。常用的占比类指标包括：

人事费用率＝薪酬福利总额 ÷ 总销售额或总产值

人员费用率＝薪酬福利总额 ÷ 总运营成本

4. 增长类指标

通过对人力指标增长设置一定目标，控制人力成本不能超过一定范围，从而确保人效的质量。企业在使用这类指标时，通常采用一种"黄金不等式"的方法来表达，比如：

员工人数增速＜组织收入或销售额增速

薪酬福利增速＜组织销售额或利润增速

人均薪酬福利增速＜人均销售额或人均利润增速

数据分析篇
细说组织人效的提升

我以前服务的一家跨国公司对这个黄金不等式的要求更苛刻：在批准年度人员编制增长时，要求员工的年度编制增速不得高于企业销售收入增速的50%，换句话说，假如明年企业预计销售额增长10%，那人员编制就不得超过5%。

除了以上常见指标外，还有一个重点指标，就是人均收入。这里的收入不是指组织收入，而是每个员工的薪酬福利收入。

员工的人均收入要取得逐年上升，员工才会觉得在组织有奔头，才会愿意留下来，这样的组织才有希望获得成功。否则只是一味地降本增效，而员工的收入却发生下降的话，不会有人愿意留在这样的组织中。

我们来看下华为和中兴的组织效率对比（数据来自两家公司年报）（如表4所示）：

表4 华为和中兴的组织效率对比表

	华为2010	中兴2010	华为2017	中兴2017	华为2018	中兴2018
营业收入（亿元）	1852.76	702.64	6036.21	1088.15	7212.02	855.13
同比增长	19.5%	−21.4%	15.7%	7.49%	19.5%	−21.4%
人工成本（亿元）	306.64	96.79	1402.85	196.83	1465.84	207.92
人工成本率	16.55%	13.78%	23.24%	18.09%	20.32%	24.31%
人工成本率同比	−	−	−	−	下降2.9%	增加6.2%
净利润（亿元）	237.57	34.76	474.55	53.86	593.45	−69.49
员工人数（人）	11.2万	8.5万	18万	7.5万	18.8万	6.8万
人均利润（元）	21万	4万	26万	7万	32万	−10万
员工平均收入（元）	21万	11万	78万	26万	78万	30万
人均销售额（元）	166万	82万	335万	145万	384万	125万

从数据对比中，我们不难看出：华为的员工人数远远超过中兴，华为的人工成本率也超过中兴或者与中兴不相上下。但是，华为的关键人效指标——人均利润和人均销售额均达到中兴的数倍，而且在此基础上还保证了员工的

平均收入也是中兴的两倍以上。

我认为，华为的数据非常深刻地向我们揭示了一个做好人效管理的组织到底应该如何设置。这样的企业不但效率高，而且员工收入也高。这大概也是为什么华为能成为今天我国成功企业的原因之一。

人效指标的数据分析

正如上面那个案例所示，在对人效指标做数据分析时，单纯看每个指标的绝对数字没有意义。数据只有在发生对比时才会有意义。在进行数据分析时可以做以下两个维度的对比。

第一，和自己比。

先计算出组织的人效指标，然后在时间维度上按年度、季度或月度来进行纵向比较。不断地和自己比，不断地和历史数据比（如图10所示）。

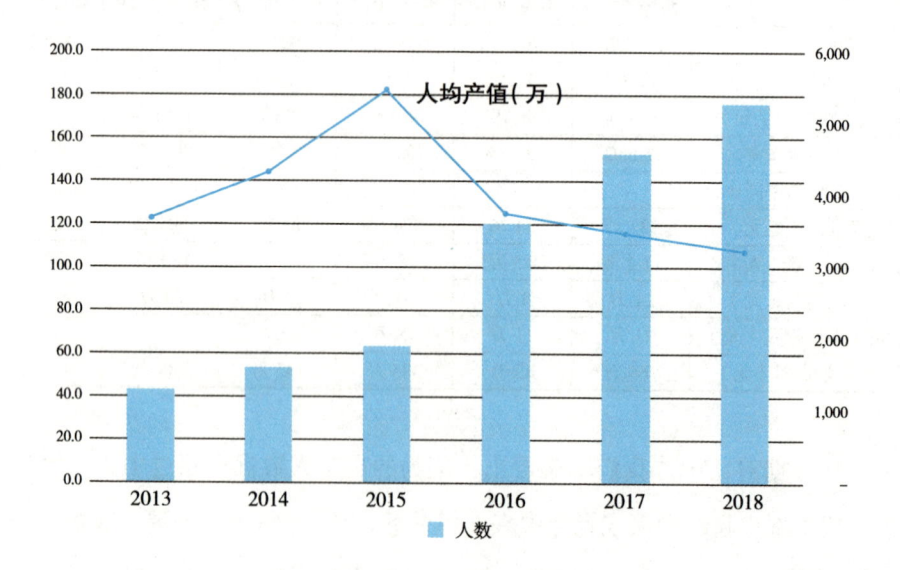

图10　和自己比的数据分析图

比如，可以将组织的人均产值和人均费用这些指标按月度绘制出来，然后看曲线的变化趋势，尤其针对其中的拐点、异常值等情况，深挖背后的原因，直到找到解决问题的真正答案。

在深挖数据背后的原因时，具体可以采用数据分析法中常用的"5WHY"法或"5W2H"法。

第二，和别人比。

和自己比可以看到数据的变化趋势，和别人比才能确定自己的指标是否健康。尤其是要和行业标杆企业对比，以此来找到自己和标杆企业之间的差距。

我的一个数据课学员，最近把自己公司的人均营收和同行业的公司数据做了一个对比，一开始使用的是同行业上市公司的公开数据，比较下来发现自己公司的人效还不错。但是老板对结果不满意，认为这些上市公司的体量比自己大太多，没有可比性。

后来，这位 HR 又想办法收集到附近同等规模的同行公司数据。如图 11 所示，结果令人出乎意料：

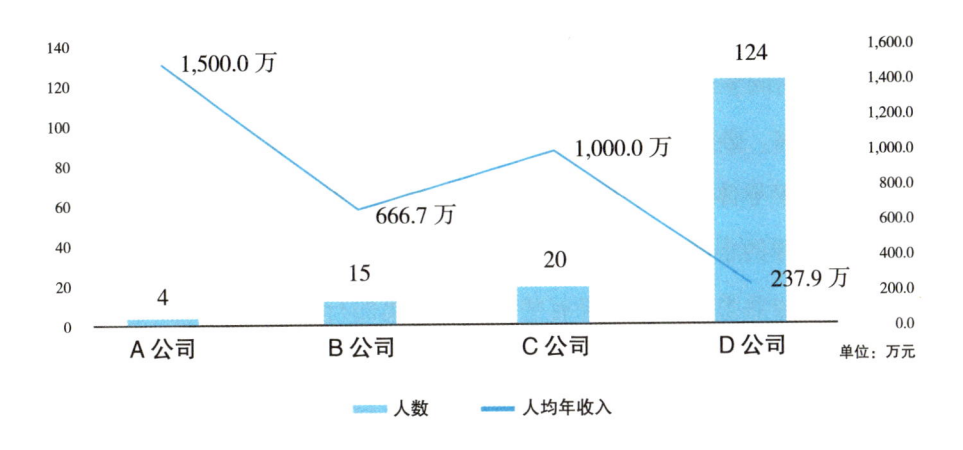

图 11　和别人比的数据分析图

最右侧为这位 HR 所在的企业。该企业不但人数比其他公司多，而且人均营收（237 万元）也远远低于其他公司的水平。原来自己和其他公司的差距如此巨大，也说明企业下一步的人效提升工作存在巨大的空间。

人效标杆数据的来源

要寻找标杆公司的人效数据，最好的方法当然是从市场上购买。我最近因为帮企业创设薪酬制度，对最新的市场行情有了一个了解。如果向咨询公司购买此类指标，每一个指标的价格是 3,000 元人民币。如果你的企业经费充足，当然可以直接去购买。

但是，我们可能并没有这一笔预算，又该如何入手？这里我推荐三种渠道：

1. 上市公司年报

上市公司的信息披露都是很完整的，你可以根据其年报找到该公司逐年的财务和人员数据。如果是同行业或者行业相近的公司，这些指标还是具有一定参考意义的。

2.HR 自己的社交网络

做 HR 的同学最好在行业里有一个非正式的圈子，平时可以交流工作心得和行业动向，必要时还能帮助自己很便捷地收集到一些行业关键数据。

我曾在半导体行业一家外企里做过，当时上海地区的半导体外企 HR 们就有一个这样的小圈子。大概几十个人，大家隔段时间就会找机会聚一聚，因为之间比较熟悉，所以后来有些比较难搜集的行业调薪和岗位定薪数据都是通过他们收集到的。

3. 从招聘端获取

这可能是大多数人容易忽略的一个渠道。企业经常会遇到来自同行企业的求职者，如果招聘人员在正常的面试考察结束之后，问问候选人所在企业的一些数据情况，比如产值多少、人数多少、部门如何设置，等等，最后积少成多，通过招聘端获取的零散数据就可以拼凑成一幅比较完整的图画。

一旦确定了人效指标和完成了人效分析之后，接下来就是从人力资源管理角度分析可以采取哪些措施来提升人效。

从人效公式中可以看出，要提升人效，无非就是两个办法：增大分子或者减小分母。增大分子主要是指增加组织的产出，用华为的话讲就是"多打粮食"；而减小分母则主要是指精简机构、减少用人。

第一个办法：增大分子。

（1）定岗定编、岗位胜任。一些企业人效不高的原因在于岗位定位不清，甚至因人设岗。按理说每一个岗位都应该对任职者有清晰的任职资格和能力要求。但是，现实中常见企业把不胜任的人放到岗位上，当然也就无法贡献出应有的产出。

正确的做法应该是：组织每一个岗位的创立都必须符合一定前提，也就是根据业务需求来创设。解决这个问题的一个有效方案就是岗位评估。市场通行的岗位评估法包括海氏、美世和翰威特等。

岗位评估除了帮助内部对标市场之外，还有一个好处就是能够评估出组织内每个岗位的相对价值。根据评估结果，还可以判断出一个岗位的价值高低，以及是否在组织内有存在的必要。图12是经典的海氏岗位评估法：

对于做薪酬的同学，岗位评估是一项必备的基本功。我以前做薪酬的老板曾经讲过，一个人如果没有评估几十个岗位的经历，是无法掌握岗位评估真谛的。

接下来的一项工作是确定岗位的任职要求，包括知识、技能、经验和胜任力等一系列要求。以这种方法挑选任职者，才能确保员工可以按照组织期望的贡献产出。

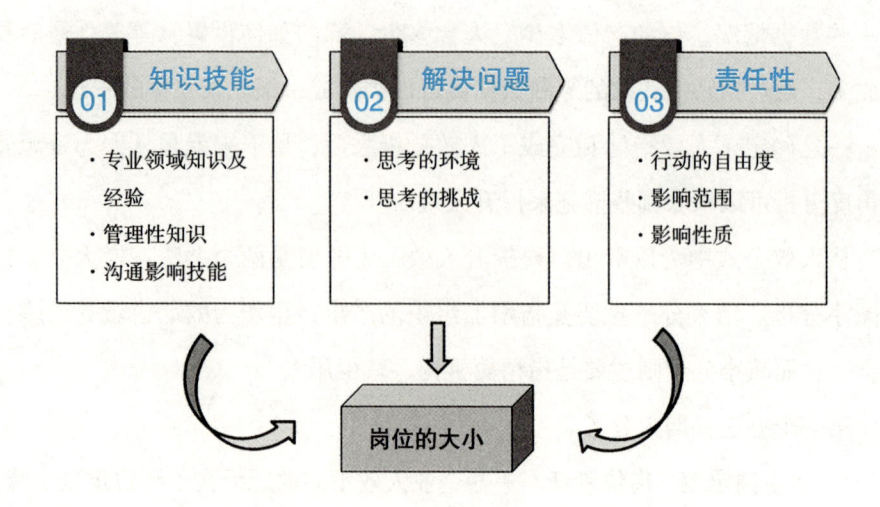

```
┌─────────────────┐    ┌─────────────────┐    ┌─────────────────┐
│ 01  知识技能    │    │ 02  解决问题    │    │ 03  责任性      │
├─────────────────┤    ├─────────────────┤    ├─────────────────┤
│ ·专业领域知识及 │    │ ·思考的环境     │    │ ·行动的自由度   │
│  经验           │    │ ·思考的挑战     │    │ ·影响范围       │
│ ·管理性知识     │    │                 │    │ ·影响性质       │
│ ·沟通影响技能   │    │                 │    │                 │
└─────────────────┘    └─────────────────┘    └─────────────────┘
                              ↓
                        ┌───────────┐
                        │ 岗位的大小 │
                        └───────────┘
```

图 12　海氏岗位评估法

华为在薪酬管理工作中有一个 16 字口诀，叫"以岗定级、以级定薪、人岗匹配、易岗易薪"，说的就是每个岗位要经过岗位评估之后才能定级定薪，然后每个员工要和岗位要求相匹配，做什么岗位的人拿什么水平的薪水。

这种办法可以在合理控制人工成本的同时，确保每个岗位任职者都有一定的价值产出。

（2）绩效提升。帮助员工提升绩效，从而最终提高其产出，也是一个提高人效的方法。

一提到员工绩效提升，有人就会马上想到人员培训。这里需要注意的是，并不是对每个人做培训都可以达到理想目的。

绩效管理中有一个模型叫吉尔伯托模型（如表 5 所示），它将影响人的绩效因素分为环境因素和个体因素两大类。其中，环境因素包括信息、资源和激励，个体因素包括知识技能、天赋潜能和个人动机。

表5　吉尔伯托模型图

模块一：环境信息	模块二：环境资源	模块三：环境激励
·描述绩效的期望 ·关于怎样做工作的计划和相关的指导 ·对于绩效是否有足够的相关连续的反馈	·为满足绩效需求计划的工具、资源、时间 ·接触领导者的渠道 ·充分的人力资源 ·有组织的工作过程	·依照绩效而定的足够的金钱刺激 ·非金钱刺激 ·职业发展机遇 ·绩效过差产生的明确的后果
模块四：知识技能	模块五：天赋潜能	模块六：个人动机
·系统化设计的培训来培养杰出的工作人员 ·培训的机会	·人与职位的匹配 ·好的选择过程 ·灵活的计划来符合员工的最大能力 ·虚拟的或可见的帮助来增强能力	·认识到员工为可获得的利益刺激而工作的意愿 ·对员工动机的评价 ·招收新成员来满足工作条件的现实情况

从这个模型不难得出，培训往往针对知识技能环节有需要时才会起作用。如果一个人的低效来自环境因素或者个人天赋和动机等原因，则无论给他提供什么培训都无济于事。

因此，如果需要在工作中通过提升绩效来提升人效，提前做好绩效原因分析才最重要。

（3）管理者的领导力。如果每个管理者都能够在工作中激发员工的潜力、生产力和创造力，那么也一定会带来非常理想的人效结果。

管理大师德鲁克认为，优秀管理者的用人诀窍就是用人所长。到底该怎么做到用人所长？《卓有成效的管理者》里面讲了三个原则：

原则一：一个岗位，如果先后由两人或三人担任，工作都失败了，这就肯定是一个常人无法胜任的岗位，这个岗位就需要重新设计。阿里文化中早期有一句话叫"让平凡的人做不平凡的事"，讲的就是这个意思。组织中不可能每个人都是天才，通过组织和岗位的设计，让每一个平凡的人都可以做出非凡的事情来，才是一个好的组织。

原则二：岗位的要求，涵盖要广。如果岗位定义太狭隘，不足以对员工能力形成挑战。最后容易造成那些优秀的人，要么自愿离职，要么在原地自甘沉沦下去。

原则三：管理者应该先关注员工能干什么，而不是某个岗位的要求是什么。提前充分评估和了解员工的专长，避免把他放到限制其发挥的岗位上，才能保证他的产出符合组织期望。

第二个办法：减小分母。

人效指标的分母一般是薪酬金额或员工人数。将薪酬金额控制在合理区间，也可以起到有效管理人效的作用。

（1）组织精简。组织精简的方法一般有三种：岗位合并、减少层级和增加宽幅。我以前所在的公司，在合并岗位时，曾经采用了一个三步法：

第一步，做组织分析，理解组织架构、岗位设置，并最终评估组织内部成员的工作负荷是否平衡和合理。

第二步，汇总分析结果，对组织架构做出调整。目标是能够最有效地为客户产生出最大价值。

第三步，结合组织未来的人员增加计划，对不符合组织和岗位要求的人员做换岗、培训和其他调整。

此外，减少管理深度（组织层级）和管理宽幅也是精简组织中常用的方法（如图13所示）。

在管理深度方面，在我见过的大多数中大型高效率组织身上，从CEO到普通员工之间的汇报层级最多不过四五层。我的HR第一份工作是在戴尔，当时全球一共8万名员工。我当时的职位是一名普通的人力资源专员，而从我到公司CEO迈克·戴尔之间的汇报层级一共是四级，而这种层级设置也是当时戴尔大部分部门的常态。

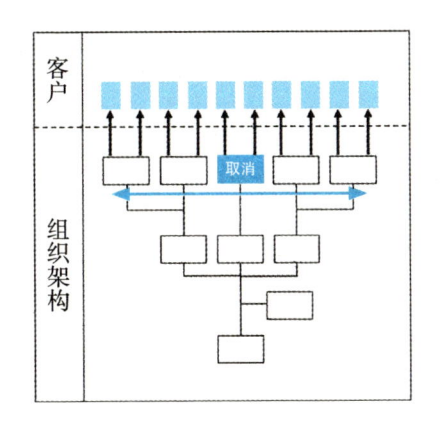

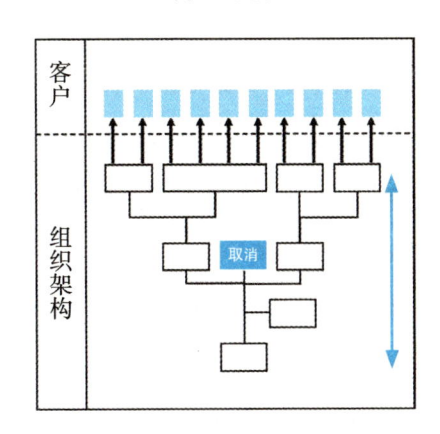

图 13　管理宽幅与管理深度示意图

在管理宽幅方面，有资料显示一个经理比较理想的下属人数是 7~8 人。然而在现实中，我们常见的一些组织白领岗位的管理宽幅却远远低于这个数字。我在另外一家跨国公司经历的一轮组织精简过程中，就把凡是汇报人数少于 3 人的管理岗位统统取消。

此外，还有一点值得注意的是，今天越来越多的组织开始强调敏捷。敏捷组织的一个特点就是岗位的敏捷性。组织对这类岗位的定位相对模糊，通常是一人身兼多职，而工作任务也会随时根据业务需求来灵活调整。

敏捷组织的设置，一方面，可以帮助员工全面发展职业技能；另一方面，也帮助组织精简团队和快速应对外部变化，所以这种设置已经在越来越多的公司中采用，包括一些传统产业组织。

（2）信息化系统。利用信息化系统，最大限度地实现工作无人化也是精简组织的一个选择。2019 年我曾经采访了一位制造厂厂长，他所在公司在数字化转型方面做得非常领先。他当时跟我算了一笔账：工厂每引进一个工业机器人就可以替代三名工人的工作，花在机器人上面的钱三年即可收回投资，而且后续还没有人工那样的社保、福利、劳务纠纷等成本担忧。

今天一些公司开始利用 AI 技术来筛选候选人简历，这样的话，很多传统的招聘岗位就不再像以前那样需要人手了。

（3）灵活用工。这里所说的灵活用工是一种广义所指，既包括基础岗位对派遣、外包、实习生类人员的使用，也包括高级岗位对外部顾问和专家的使用。

企业在不同的发展阶段会用到不同的专业技能。有时为了获取这种专业技能，企业其实没有必要把人全职招进来。这样不但成本高昂，而且过段时间前面所获取的技能也许就不再需要了。所以，企业使用外部顾问不但成本更划算，也能更方便解决工作中的实际问题。

我参加过一个 HR 的圆桌会，会上一家跨国公司的人力副总裁也谈到一个现象，今天有越来越多的年轻员工成了"斜杠青年"，这种现象也促使这家公司思考一个问题：是否组织内所有的现有岗位都需要有人全职来担任？有哪些岗位或项目可以通过"外挂员工"的方式来解决？

结语

组织提高人效的最根本办法还是要回到组织的绩效增长上。纵观那些最优秀的企业，无一不是在找到自己绩效增长的第二曲线之后实现了效益质的飞跃，比如：阿里巴巴从黄页到电商再到云计算，奈飞从 DVD 租赁到流媒体再到内容原创，等等。

所以，对于企业而言，在寻求提升人效的同时，也不要忘记着眼于未来，寻找下一个增长点。否则只专注于眼前利益，忽略组织的长远发展，哪怕暂时的人效提升也是无法保证组织未来的可持续增长与发展的。

聚焦关键指标，提升组织效率

2021年1月21日是我们公司法定高管向董事会述职的日子，我是上一年7月22日加入公司的，按照6个月试用期计算，21日恰恰是试用期最后一天。这一天做述职，让这个日子对我而言多了几分特殊的意义。

公司在这段时间里取得的最大成绩是：6个月前还处于亏损状态，但年底扭亏为盈，获得了过千万的利润。这6个月里到底发生了什么？在回顾一些历史细节时，我希望能够从人力资源管理角度来做一些复盘。

2020年下半年公司重点工作之一就是组织提效。之前存在的现象是组织臃肿、人力成本偏高，严重影响了公司的盈利能力。在确定了组织提效的目标之后，HR团队首先做的一件事是提炼关键的组织效率指标。

经过多方验证，最后我们选取的指标包括以下几项：

- 人事费用占比：人力成本（包括薪酬、社保、离职费用）÷销售收入，该指标衡量人力成本水平是否合理
  - 人均产值：销售收入÷员工人数，该指标衡量人均单产是否有效率
  - 人均利润：利润÷员工人数，该指标衡量组织盈利能力
  - 劳效：销售收入÷人力成本，该指标衡量人力成本的投入产出是否合理
  - 元效：利润÷人力成本，同样衡量人力成本的投入产出

需要提醒的是，人效指标其实远不止以上几项，企业完全可以根据行业特点、收集难易、战略聚焦等因素，选取少数几项最关键的人效指标，没有必要在指标上搞大而全，否则也是费时费力。

指标选取之后，接下来的一项工作就是对其跟踪和分析。分析可以从两个维度来做：一个是时间同比，也就是和去年同期相比较，希望今年比去年做得更好；另一个是时间环比，即当月和上月比较。

但是，无论是同比还是环比，都是自己和自己在比较。人效指标还需要跟其他企业比，也就是对比行业标杆企业，找到差距，努力让自己不断逼近行业领先水平。

图14是公司1~12月份全年劳效变化趋势图（因敏感原因，数据已经过处理），其中既有每月的数据同比，也有逐月的数据环比。

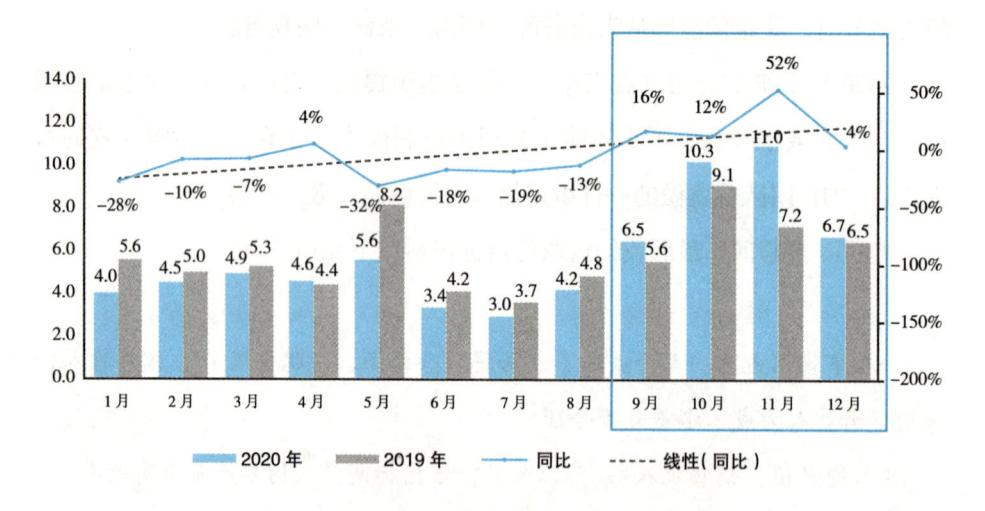

图14 逐月数据环比图

从上图中可以明显地看出：整个下半年组织在人力成本花费方面提效明显，不但每月指标明显好于上一年同期，而且环比上升趋势也十分明显。

图中的数据是在全公司范围内统计的。也可以按照同样方法将指标进一步拆分到各个业务部门，从中分析各个部门效率按照历史同比以及发展趋势的情况。

上图只能反映数据的变化趋势，尚不能揭示数据背后的洞察。此时，需要对重点数据做进一步的拆解，深挖背后的原因。只有找准问题，才能提出有针对性的解决方案。

以某业务部门为例，对其月度人力费用做一个拆解，然后通过瀑布图（如图 15 所示）展示如下：

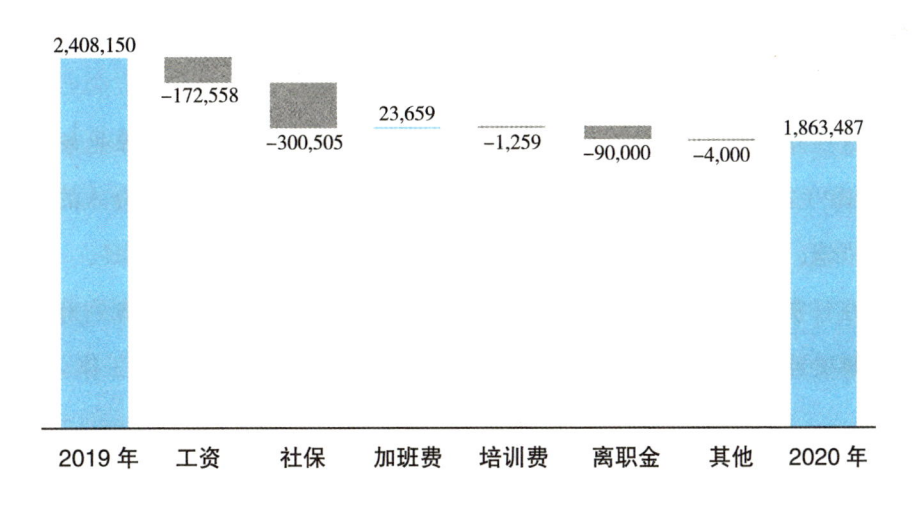

图 15 人力费用瀑布图

通过上图就可以比较明显地看到，当月人力费用同比去年下降主要来自三个方面：（1）社保下降 30 万元，主要源自国家因疫情做的社保减免；（2）员工工资下降 17 万元，主要源自组织冗余人员的精简；(3)离职金下降 9 万元。

此外，还有一个值得注意的数据：今年加班费同比增加了 2 万元。此时，就需要深入到数据背后，去深挖这 2 万元加班费增加的原因。如果这笔费用增加不合理，就要想一想下一个月可以采取什么方法来避免。

就这样，每个月都如此深入分析，然后解决好每一个发现的问题，假以时日，逐渐就能够实现数据向好。

需要注意一点：以上选取和分析的指标，无论是人效也好，还是人事费用比也好，都是滞后性的指标，也就是说要到当期结束之后才能知道结果。

这就涉及指标设置的另一个问题：既要考察滞后性（结果性）指标，也要关注前瞻性（过程性）指标。两类指标相互影响，相辅相成。

以我所在团队为例，平时比较关注的几个与组织效率相关的过程性指标或事实主要包括：新增员工编制合理性、新员工到岗及时性、重点员工离职原因、重点员工加薪或升职、业务经理对绩效不合格人员的处理方案、业务经理随时对组织的优化方案等。

这些指标每周甚至每天都会有滚动的新情况出现，人力资源业务伙伴（HRBP）需要随时关注这些情况，及时与业务部门沟通，能提前介入的需要采取措施，不能采取措施的要分析具体原因，避免类似情况再次重演。

在日常管理工作中要做到既关注结果，也关注过程，将工作做到前面，及时解决可能出现的问题，持之以恒，方能有效地推动组织的提效工作。

亚马逊公司的经营分析会

Work Backwards 和以前市面上很多讲亚马逊的商业题材书籍不同，本书的两位作者都是曾经长期在亚马逊工作的高管，而且其中一人直接向 CEO 贝佐斯汇报。在很长一段时间里，他的职责就是和贝佐斯一起制定公司的发展战略，并帮助贝佐斯组织大大小小的各种公司会议。

因此，这两位作者分享的各种关于亚马逊的管理实践，其中不乏很多细节的干货，非常值得一读。

"Work Backwards"用中文翻译过来就是"逆向工作法"的意思。这也是亚马逊著名的管理理念之一，大意是：做任何工作，都要从结果出发，从最终的客户需求出发，以此倒推回来现在应该做什么，从而确保今天做的每一件事情都是能够为客户增加价值的。

经营数据和指标

众所周知，亚马逊是一家非常强调数据驱动决策的公司。通过本书，我们可以看看亚马逊在日常工作中，是如何通过开好每周的业务经营会，并最终做到数据驱动决策的。

首先，要分析数据，就需要制定各种数据指标（Metrics），指标的质量高低决定了最终的决策质量高低。亚马逊的指标很多，在经营周会上，与会者往往要阅读和分析超过满满三页的各种经营指标。

这些指标分为两类，一类叫输入型指标（Input Metrics），一类叫输出型指标（Output Metrics）。常见的销售额、利润、成本这些指标都被归入输出型指标。

输出型指标关注结果，但很多时候当一个坏结果出现时，如果再想采取措施来防范或补救，可能已经为时已晚，此时输入型指标就显得尤为重要。

亚马逊的输入型指标基本体现了以客户为中心的管理理念，这些指标描述的都是与客户感受相关的事情，比如：低价、快捷、可选的商品、更少的客户接触、更快的网速等。

相应地，和这些客户感受相关的指标就包括商品的交付速度、商品的选品范围、客户使用服务的便捷程度，等等。

亚马逊在制定指标的过程中也有一个不断迭代的过程。比如，在早期评估商品品类时，有一项指标叫新品页面，刚开始大家会认为新品页面创造得越多，为客户带来的新品选择就越多。

但是后来大家发现，很多新品尽管被创建了，却少有客户问津，结果造成了商品积压。于是，亚马逊又将这项指标调成按客户浏览量来计算的新品页面。

再后来，这项指标再次调整，以确保能够准确地反映出经营结果。今天，这项指标已经被升级为客户浏览页面商品占两天内可以发出的库存商品之比，名叫"快速通道库存"（Fast Track In Stock）。通过"快速通道库存"这项输入型指标，就可以非常有效地推动商品选品（Selection）这项输出型指标了。

增长飞轮

亚马逊所有经营指标都可以归入一个飞轮模型之中，这个飞轮模型因

数据分析篇
亚马逊公司的经营分析会

CEO 贝佐斯于 2001 年画在一张餐巾纸上而闻名，如图 16 所示：

更多地降低商品的价格

增加顾客访问量

增加单位固定成本的盈利

吸引第三方卖家

扩大销售和分销渠道规模

图 16　亚马逊经营指标飞轮模型

这个飞轮模型可以这样来理解：

- 公司首先要确保更好的客户体验（Customer Experience），这样可以带来更大的客户流量（Traffic）
- 更大的客户流量会为亚马逊平台带来更多的商家（Sellers）
- 更多的商家会带来更多的商品选品（Selection）
- 更多的选品会带来更好的客户体验（飞轮到此完成了一个完整的循环周期）

当这个飞轮转动起来时，业务便开始增长，业务增长也会降低商品成本，而更低的商品价格势必会带来更好的客户体验。这样的循环周而往复，飞轮就转得越来越快，亚马逊的机会也开始变得源源不断。

因此，亚马逊的日常经营管理始终围绕着这个飞轮做文章，每周的经营分析会（Weekly Business Review）就是对飞轮上各个类别的指标进行深入分析。

经营分析周会

关于经营分析会，我将在下一篇"复盘月度经营分析会"中，详细描述一些经营分析会经验。读了 Work Backwards 这本书之后，我发现亚马逊的经营分析会和我们企业经营分析会相比，有非常多相似的地方。但是，亚马逊在一些细节上做得更深入和更到位。

亚马逊的业务经营周会具有以下特点：

首先，大量使用数据图表。尽管亚马逊以开会时以使用六页"Word 阅读"版材料而著称，但是在经营分析会上大量使用的还是各种数据和图表，因为这才是最直观、最有效地反映经营数据特点的方式。

其次，数据分析非常全面和彻底。既有历史同期的结果对比，也有环比时间段内的数据对比；既有反映较长时间周期内的数据发展趋势，也有局部放大的某个较短时间段内发生的数据细节。

图 17 所展示的亚马逊会议中用到的数据展示就非常值得学习。

如图所示，图中既有最近 12 个月的每月数据，也有放大到最近 6 周内的每周数据，同时在图表的底部还逐一呈现了关键指标，这样就很容易帮助听众抓住重点，看到问题。

数据分析篇
亚马逊公司的经营分析会

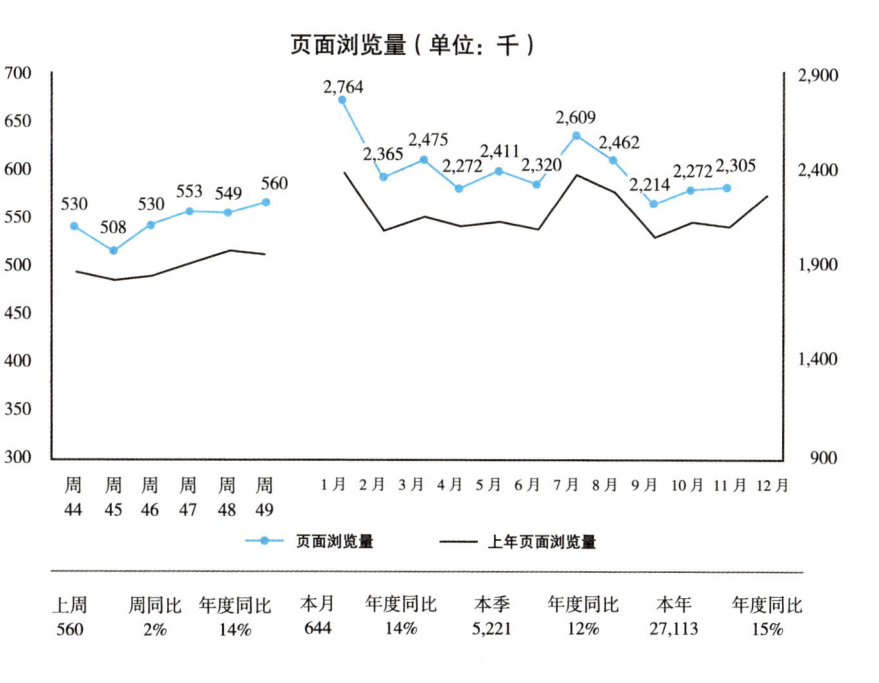

页面浏览量（单位：千）

	上周	周同比	年度同比	本月	年度同比	本季	年度同比	本年	年度同比
	560	2%	14%	644	14%	5,221	12%	27,113	15%

图 17　亚马逊业务经营周会数据展示图

另外，亚马逊要求在展示数据的同时，必须做出趋势分析，判断业务走势，这样可以帮助管理层提前预判结果，以便及时采取措施。例如，图 18 中的虚线就是这样的趋势线，可以反映出数据同比的增长速度走势。

亚马逊的数据还有一个特点：在数据之外做出标注，而这一部分通常是关于客户故事（Customer Story）的，这样就给参会者一个机会，可以更加深入地理解数字背后发生了什么真实的故事。

比如，在某次交易中，客户的信用卡扣款出现了错误，亚马逊客服人员没有放过这个问题，而是深入挖掘其背后的原因，最终找到了问题根源，并借此机会对公司的扣款软件系统做了一次改进，避免了日后类似问题的发生。

营收（单位：千）

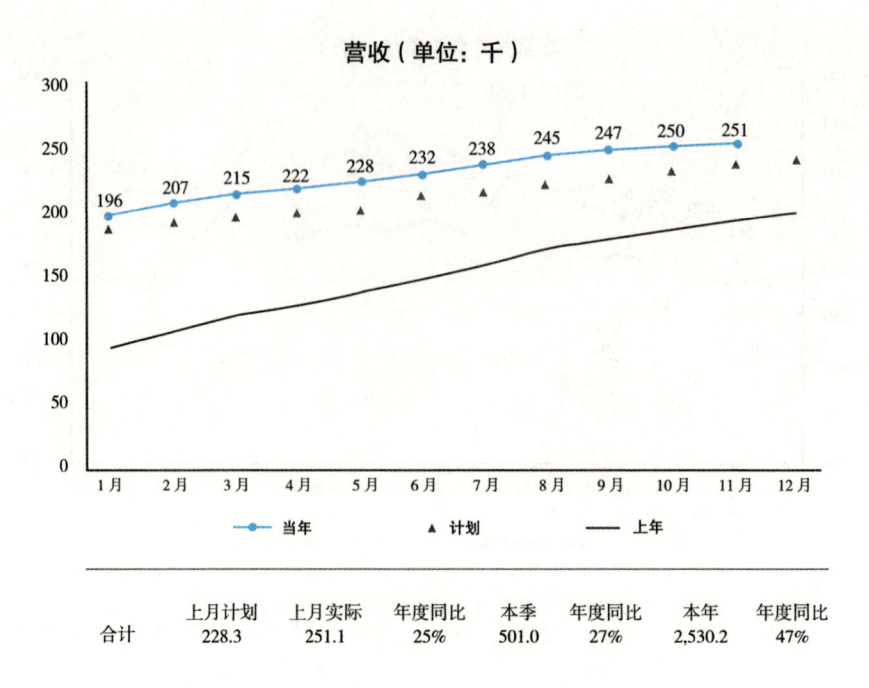

	1月	2月	3月	4月	5月	6月	7月	8月	9月	10月	11月
当年	196	207	215	222	228	232	238	245	247	250	251

合计	上月计划 228.3	上月实际 251.1	年度同比 25%	本季 501.0	年度同比 27%	本年 2,530.2	年度同比 47%

图 18　亚马逊业务经营周会数据趋势图

最后，经营分析会还有一个非常重要的特点，即会议主要关注参加者呈现的议题而不是参加者本人。尤其是，当发现报告中存在问题或错误之后，所有会议上的讨论也是围绕着如何解决这个问题，以及将来如何避免犯错，而不是把矛头指向做报告的那个人。

这样，报告人和参会人也就没了后顾之忧，大家可以畅所欲言，大胆提出建议，既帮助团队更加全面地排查错误，改进工作，也帮助组织有效避免了未来的风险。

复盘月度经营分析会

我们经常说绩效管理不要做成一次性工程，不要只做结果管理，还应该做好过程管理。在我们公司，每月开一次月度经营分析会，这个会议就是一个非常理想的过程管理工具。

这个月度会有什么比较特别的地方？我总结了一下，主要有以下三点：

会议组织

月度经营会相当于将一整年的目标化整为零，拆分成12个月，这样帮助企业管理层在一个较短的周期内及时关注问题、发现问题并解决问题。

除此之外，我们企业除月度经营会之外还有管理层参加的周会，每周一开会讨论主要工作的进展。主要区别是：月度经营分析会以业务事业部为主，周会以最高管理层为主。

月度经营分析会不需要太多人参加，一群不相干的人坐在那儿，各自敲着电脑，也是浪费时间和资源。这个会议一般由CEO召集，由负责业绩的事业部负责人主讲，其他与会人员主要是支持部门负责人，包括财务、人力和市场等部门人员。

会议时长一般控制在1.5小时，会议准时举行，迟到者要为其他人买咖啡。

会议中有三分之一的时间是主讲人汇报，余下三分之二的时间是所有参会人员互动讨论。

会议内容

会议的核心内容还是数据驱动决策。月度经营分析会主要围绕事先既定的月度目标和实际完成的业绩数据来展开讨论。主要的数据由财务部门来准备，由业务部门来负责解释，其他参会人员提问。

报告的数据包括：目标是什么、实际完成多少、差额是多少、当月完成和去年同期相比增幅或降幅是多少、当月完成与上月环比增幅或降幅是多少。

有没有比较异常的数据？比如，和事先预测的数据相比，有没有表现过高或过低的数据？异常数据背后的原因有哪些？哪些可控？哪些不可控？

做得好的经验有哪些？能否复制到其他业务板块去？踩的坑有哪些？接下来该如何避免？有哪些问题可以当场拍板解决？哪些问题需要留到会后？

之前我们的月度经营分析会只讨论业绩和财务数据。从2020年开始，HR月报也作为会议一部分加入了进来。

HR月报也尽量以数据为主，包括人员编制的同比和环比增长、人力费用的同比和环比、人员效能的同比和环比等。此外，还有其他主要人力工作的过程跟踪，包括重点岗位的招聘进展、重点人员的异动、主要HR项目的进展。

这样的会议讨论按月进行，让所有人都形成了一种习惯，让问题及时解决，方向可及时调整，助力各部门的协同作战。

比如，在最近的一期月度经营分析会上，公司领导发现某业务部门工作不够集中，导致了团队资源和精力的分散。经过及时纠正，该部门重新回到了正确的发展轨道上来。

在另一期会议上，我们发现某部门新尝试的客户拉新方法不错，将拉新成本控制在一个较低水平。公司领导敏锐地发现这可能是个好机会，于是鼓励这个团队集中力量、集中资源复制并放大这个项目。

会议跟进

有效的会议要做到"事事有回应、件件有着落"。经营会上做好会议纪要是关键，会后将纪要发给所有参与人，列出后续的跟进事项，要有完成时间和责任人，然后再过一周来核对这些事项是否落实，最后形成闭环。

结语

这三点总结下来，看上去比较简单，但是长年累月将一件事扎扎实实做到位也不简单。

月度经营分析会的目的，就是最终要建立起一种"直面差距、追根到底、找到方法、找到机会、执行计划、反复跟踪、解决问题、拿到结果"的组织绩效文化。

突破 HR 传统框架来思考如何提升人效

在某个周末，我和一家著名食品企业的管理团队做了一场工作坊，主题是如何提升各部门的人效。现场讨论激烈，参加者们一起碰撞出来很多有意思的想法和创意。

先说这家企业的背景：主营业务包括食品和餐饮，前者在细分行业中排名国内第一。目前全集团年营收超过数十亿元，员工数千人，是一家集研发、市场、销售和供应链在内的全链路业务公司，计划未来两年内在主板上市。

根据公司战略部署，2022年面临的一项主要工作就是提升组织人效。因为这是一个考核公司全员的目标，所以现场参加工作坊的管理者来自各个业务环节，包括生产、仓储、销售、财务和人事等。

人效指标

要做好人效管理，首先就要确定人效指标。常见指标包括人均产值和人事费比。公司作为一个整体可以使用这类指标，但各部门业务各有特殊性，不能简单一概而论，需要结合各自实际情况来确定更加精准的指标。

1. 生产部门

先看跟人数相关的人效指标。对于工人，比较常见的指标是人均产量。但是该公司产品有多个系列，每个产品的生产工艺都不相同。因此，在确定一件产品的标准工时时，需要先选一个基准产品 A，以确定基准工时，定下难度系数为 1.0；然后另一个更加复杂的产品 B，难度系数为 2.0……依此类推。这样，在计算 B 产品产量时，就以（A 产量 ×2）来换算。

再看管理人员。管理人员分两种，一种属于班长或工人主管这样的一线管理人员，他们的人数和工人人数必须符合某个比例。因此，核算这部分人员的指标可以是管理人员和工人的比例。另一种是更高级别的管理人员，他们的人数和工人没有严格的比例限制，需要参考历史数据的平均线来控制其人数。

另外就是和人力成本相关的指标，如常用产品制造费用中的人力成本占比，这项指标具体还可以细分为工人成本占比和白领人员成本占比。

2. 仓储物流部门

仓储的人效指标相对简单，如果简单以人均货运量衡量，根本无法区分产品和产品之间的差异性。更为合理的考虑是人均 SKU。SKU 是 Stock Keeping Unit（库存量单位）的缩写，即常用的库存进出计量单位，可以是以件、盒、托盘等为单位。

3. 销售门店

销售部门常用的人效指标包括人均销售额、人均利润和人事费比。对于餐饮业务，除了人均营业额，还可以将指标更进一步细化。以这家企业的业务为例，员工的工作时间分为两部分，一部分是准备工作时间，另一部分是服务客人时间，而后者往往是和店内销售额相关联。因此，这里还可以考虑的一项指标是单位有效工作时间产生的营业额。

另外，由于门店因为地理位置、业务定位等性质的不同，还不能用同一套标准去考核所有的门店，有必要先对其分类。比如，可以将门店按营业额规模划分为三档：2000 万元以下、2000 万元~5000 万元以及 5000 万元以上，再分别按照三档人效指标来考核。

4. 电商销售部

电商销售部门常用的人效指标包括人均销售额、人均利润、人均 GMV 或人事费比。这里同样面临跟线下门店销售同样的问题，这家公司通过不同的电商平台销售产品，包括天猫、京东等。各个平台的业务性质有差异性，也无法用同一套标准去考核所有人，所以也有必要针对不同平台实行不同的人效标准。

指标目标值

一般而言，企业确定人效指标的参考值时，最简单的方法就是对标行业领先企业的水平。但是，这家企业已经是国内第一，从市场上也很难找到对标对象，在这种情况下，最好的方法只能是自己和自己比。

可以考虑根据过去几年的历史数据，再结合未来几年的市场增长预测，给自己设定一个指标的目标值，然后努力确保最终可以达到或者超越该目标值。以人事费比为例，可以根据过去三年企业自己的数据确定一个平均值，然后要求未来人事费比不得高于该水平，并每年依次按照一定比例逐步降低。

优秀的企业都是在不断超越自我。以华为为例，从 2010 年到 2018 年，公司营业收入增加了近 4 倍，人均营收增加了 2.3 倍，而员工人数只增加了 67%。

再看另一家人效管理出色的公司美的，在关键转型的 2011 年到 2016 年，公司营业收入增长了 20%，人均产值翻了 1.4 倍，而员工人数减少了 51%。

提升人效方法

提升人效简单来说就是做大分子（营收）和减小分母（成本），具体可以从市场、运营和人力三个方面展开。

市场方面的举措可以考虑以下三个方面：

一是重新梳理现有产品线。二八原则告诉我们，企业收入的 80% 可能是少数 20% 的产品贡献的。战略的核心就是决定做什么和不做什么，有时候做减法比做加法更重要。梳理出企业 20% 的最有前途的产品，然后持续加码，扩大它们对营收的贡献。

二是开拓新市场。虽然这家企业在行业内已经做到国内第一，但也并非在所有区域市场都排名第一。那么，就有必要对比一下当地市场的增速和企业在该地区的增速，凡是有差异的地方都是该企业后续有待提升的空间。

三是开发新品牌。现有产品的销售可能在某些市场已趋于饱和，增长开始乏力。在这种情况下，无论企业怎么加大投入，也不太可能收获可观的回报。此时，企业可以考虑通过开发新品牌和新产品来发掘自己的第二增长曲线。

运营方面的举措可以考虑以下三个方面：

一是流程改进。通过对运营和工艺流程的持续改造，合并或简化现有流程，可以节省人力物力。企业可以考虑发动全员，群策群力，为公司流程改进献计献策。每一次流程的小改进、每一个工时的节省，都能带来人效的提升。日拱一卒，日积月累，到最后就是一个可观的大进步。

二是设备升级。前期的一次性投入可能比较大，但从长远来看，给企业节省的成本会大大超过前期投入。

三是自动化、数字化转型。这也是今天很多企业正在走的路，可以带来生产效率提升、人员投入减少和人效大幅提升。

人力方面的举措可以考虑以下五个方面：

一是人员招聘。严格把关招聘标准，加强对候选人的筛选和考核，提高招入高绩效人才的比例。

二是技能培训。对现有员工的核心工作技能加强培训，也可以起到提升单人产出的作用。

三是绩效管理。绩效管理是组织提升人效的一个关键抓手。激励高绩效者，淘汰平庸绩效者，保持组织的优胜劣汰。果断更换一个达不到绩效要求的人，可能比继续培养他更能对人效提升带来立竿见影的作用。

四是薪酬管理。加大浮动薪酬的比例，建立员工绩效和收入的强挂钩；对团队实行薪酬包管理，实现人力成本的节约归己，这就是"用3个人，干5个人的活，享受4个人的薪水"原则的体现，实现公司和个人的双赢。

五是岗位设置。非核心岗位考虑外包，组织内只保留不可替代的核心岗位；对员工实行多技能发展，实现一岗多能，让员工可以在组织内更加敏捷灵活地移动，既降低了对特定人才的依赖度，又拓宽了员工的职业发展路径，还能起到提升人效的作用。

结语

成功的人效管理并不是人力资源部门单独可以解决的问题，而是一项组织全员参与的系统工程，通过业务和职能部门在生产、销售、服务、支持等多个管理环节协同合作，不断以更高目标要求自己，才能真正做到组织人效提升。

如果只关注几项关键人力数据指标，你会选哪几项

数据驱动决策是今天很多企业采用的决策模式，对 HR 也同样适用。要做到以数据驱动决策，首先就需要选取 HR 领域关键的数据指标，然后将监控这些指标的变化落实到每月、每周的工作中去，并随时有针对性地调整工作和行动。

但是，HR 有那么多数据指标，如招聘、培训、离职、薪酬、文化等，每个模块里都可以列出一大堆 KPI。如果要选几项最关键的 HR 数据指标，我们到底该关注哪几项？

2022 年，我在公司转型过程中，结合公司战略发展的需要，重点关注了六项 HR 指标，平时很多工作也都围绕这六项指标展开，最后取得的效果比较好，也被公司董事会和经营高层认可。

第一项：关键岗位人才引进

指标：关键及重点岗位人才的引进周期

处于快速成长期的企业，如果完全靠内部培养人才，培养速度是达不到企业发展速度的，这就需要不断地从外部市场获取关键人才。

今天的一个关键人才，不再是一个诸葛亮顶三个臭皮匠，而是一个诸葛亮超过三个臭皮匠。

在过去两年里,很多HR朋友都注意到了市场上的优秀人才越来越不好找,我总结了一下,大概有几个原因:

- 企业的人才意识不断提高,老板们都愿意采取更多的措施来保留自家的优秀人才
- 疫情对行业造成影响,导致优秀人才按兵不动,不再轻易选择跳槽
- 部分人才流失到其他领域,选择政府机关单位或创业等
- 今天的年轻人才除了薪酬,对企业的综合环境要求更高。如果企业无法为人才提供有充分想象空间的职业发展机会,人才自然也不会选择这些企业

我们企业设定的关键岗位引进周期目标是45天。为了确保快速、高质地招聘优秀人才加盟,企业需要在社招、猎头、校招、内推等多个渠道同时挖潜,才有可能实现目标。

第二项:关键人才流失

指标:A类人员的离职率

我看到很多企业关注的一项HR指标是员工离职率,其实这陷入了一个误区:对组织而言,一定比例的员工离职是需要的。只有人员的正常流动,才会带来组织的新陈代谢。

但是,如果高绩效人员(A类人员)离职,则是组织所不希望看到的。因此,我们会随时关注这部分人的离职,我们公司甚至提出了一个要求:每个A类人员离职,上级都必须尽力挽留,同时CEO和HR负责人必须和离职人员做一次深入面谈。

这个要求,无形中也让部门负责人感到一种压力,也传递给他们一个明

确的信息：无论如何要保留住部门的 A 类人员。

补充一下，这里并不是说 B 类人员不重要，而是说平时的关注优先度应该放在 A 类人员身上。假如某个部门 B 类人员开始大批离职，对组织来说当然也是一个坏消息，也必须采取一定的相应措施。

第三项：人员效能

指标：人均产值、人均利润、人事费比

人效指标衡量的是组织中的人均产出。低人效的组织中，组织臃肿、人浮于事、效率低下；高人效的组织中，团队精简、组织敏捷、高效产出。

人效指标需要从两个维度来衡量。第一个维度，和自己比：对比组织的历史数据，看人效指标是否在提升；第二个维度，和别人比：对比标杆企业，看自己和别人的指标差距，然后找到提升效率的机会点。

我们会在年初结合行业标杆企业的数据，制定当年人效目标。然后，以每月一次的频率，跟踪上述三项指标。一旦发现指标发生同比和环比的下跌，即需要找出背后的原因，及时解决相关问题。

根据我个人的感受，不管什么原因，只要组织中人越多，麻烦事就越多，效率越难提升。《奈飞文化手册》中曾经提到过一个故事，当初奈飞因为业绩下滑，一狠心砍掉了三分之一的员工。当时 CEO 和 HRVP 还担心砍了这么多人，会不会造成剩下人员的士气低落，毕竟大家都是朝夕相伴的伙伴。

令他们惊讶的是，人虽然减少了，但是剩下的人干活劲头更足了。后来，他们发现，留下的人原来都是高绩效的员工。也正因为如此，奈飞后来提出，公司能为员工做得最好的事情，就是只招那些高绩效的人和他们一起工作。

人效提升还有一个好处：产出增加，人员减少，分到每个员工的奖金就更多了。

另外，处于不同发展阶段的企业对人效有不同要求。之前我就遇到过一家互联网公司，他们认为自己公司不适合考核人效，因为公司尚处于产品开发期，而产品要等 2~3 年后才会问世。因此，现阶段只能投入，不计产出。

第四项：A、B 类人员人均收入

指标：A、B 类人员的人均薪酬比率（C/R）

如果提高人效只是单纯地通过减员、降本来增效，到最后优秀的人才也会跑掉。所以，任正非曾经专门提出，华为的政策是"减员、增效、加工资"。

这里所说的加工资，并非全员所有人，而是指组织里的 A、B 类员工。C 类员工不但不能加工资，甚至可能会请他们离开。只有这样，组织才会长期保持活力。

我们企业衡量的指标是 A、B 类员工的人均薪酬比率（C/R），该比率是薪酬管理中的一项核心指标，是指员工实际薪资和该岗位标准薪资相比的比率。C/R 越高，则意味着员工薪资越高。

我们会在每轮调薪过程中紧盯 A、B 类员工的 C/R 变化，确保组织将有限的调薪资源全部向 A、B 类员工倾斜。

第五项：关键岗位人才准备度

指标：关键岗位的继任者人数

也有企业将这项指标叫作关键岗位的板凳厚度。这项指标和人才的发展有关，衡量出组织发展人才的速度和成效。它的背后，要求企业能够建立起一套人才辈出的组织机制。

企业的关键岗位如果没有继任者梯队，长期靠一批"老臣"打天下，容易给企业带来发展瓶颈，同时也容易对年轻优秀人才失去吸引力。

做好关键岗位的继任者计划的前提，是组织完成人才盘点，从现有人员池中筛选出高潜力、高绩效的人才，然后按照他们在关键岗位任职的就绪度，来依次排列。

通常，企业在做继任者计划时，会按照人才就绪度排序，深蓝色代表短期内可以胜任，浅蓝色代表1~2年可胜任，灰色代表长期培养后方能胜任（如图19所示）。

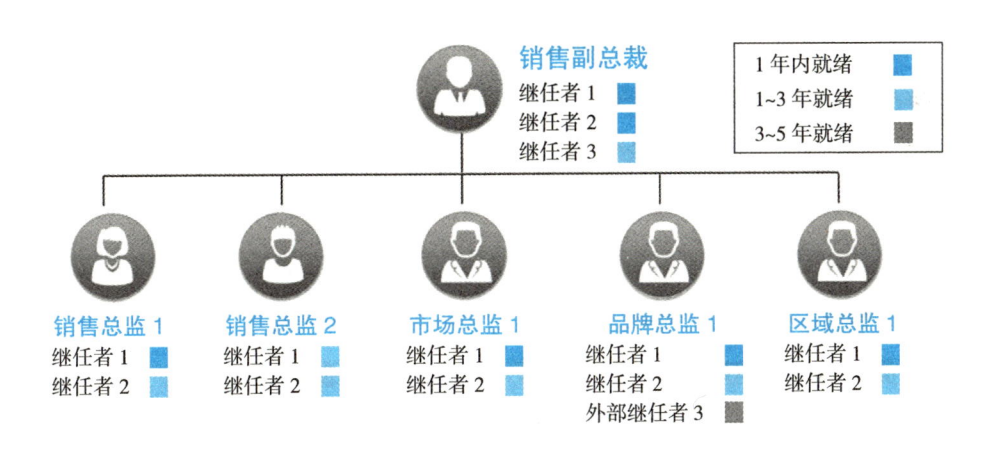

图19　继任者计划示意图

继任者也并非意味着马上要上位，他们是企业未来排兵布阵的重要依据，也是企业向更大规模发展的前提保障。

第六项：组织健康度

指标：员工敬业度调研得分

已经有很多的学术研究材料证明了组织绩效和员工敬业度分数呈正相关。

敬业度不等于员工满意度，它衡量的是员工发自内心对组织的认同，愿意为组织主动贡献自己价值的程度。

员工敬业度调研最经典的作法当属盖洛普公司的 Q12——一共有 12 个涉及员工敬业度的调研问题。我认为这 12 个问题过于简单，就将其改编成 40 个问题，覆盖企业文化、组织氛围、薪酬绩效、上下级关系等多个方面。

后来这些问题用在一家 3000 多人的跨国公司，效果还不错。今天在我们企业，也开始做全员敬业度调研，一年两次，中间间隔七个月。根据每次得分的差距，来发现企业可能存在的问题，并随时有针对性地进行改进。

敬业度调研更像是对组织做的一次体检，它可以全面地检测整个组织的员工状态。在实际工作中，我们也发现，这是一次非常好的员工发声通道，每次都能让管理层听到一些平时听不到的声音。

2021 年我们一共做了两次调研，通过前后对比，会发现那些有针对性改进措施的问题得到了较大幅度的提升。在每一次这样的改进中，组织文化也实现了精进。

员工看到他们反映的问题得到了切实改进，也会以更加诚实、客观的态度参加到下一次调研中去。

结语

以上六大数据指标都是结果性的，对于 HR 而言，更重要的工作是在密切关注这些指标的同时，做好过程管理。只有抓好过程，结果才会自然好起来。

在财报季，HR 应该关注财报的什么内容

财报是了解一家公司经营信息最全面、最直接的途径。一份财报往往好几百页，对于 HR 们来讲，如何从这几百页文字和数据中找到对自己最有用的信息？

在 2022 年年初，我所在行业的几家龙头企业纷纷公布了 2021 年年报，便对其中两家行业龙头企业的财报数据做了一些梳理。这里，就结合自己的体验，和大家来谈谈从 HR 的角度如何来看财报。

三张报表

财报最核心的内容就是三张表：资产负债表、利润表和现金流量表。

第一张表是资产负债表，它反映的是公司在某一个特定日期财务状况的报表。资产负债表的所有项目须满足一个恒等式：资产 = 负债 + 所有者权益。

有一个比较形象的比喻可以帮助我们更好地了解资产负债表，它就像在某个特定时刻用相机给公司拍照得出的结果，所以资产负债表就像是公司现状的"一张照片"。

资产负债表有三类主要项目，即资产、负债和所有者权益。它们之间满足一个恒等式：资产 = 负债 + 所有者权益。具体阐释为：等式左边（资产）代表公司资金的用途，等式右边（负债和所有者权益）代表公司资金的来源。

我们通常理解的银行存款、机器、工厂、产品存货等都属于资产；银行贷款、应付账款、应付职工薪酬等都属于负债；股东投入、资本公积、未分配利润这些则属于所有者权益范畴。

HR 们经常会关心一家公司给员工付了多少薪酬、人均薪酬是多少，其中的关键数字就来自资产负债表中的"应付职工薪酬"。

第二张表是利润表，反映了公司在某一期间的经营成果。我们通常所说的一家公司赚不赚钱、赚多少钱、成本及利润有多少，从这张表就可以体现出来。

利润表的结构很简单，依照"利润＝收入－成本－费用"的原则编制。表的第一列数据是公司的营业收入，在英文里也把这最上面一列叫作 Top line。营业收入依次减去营业成本和各项费用，得到营业利润。

营业利润再减去所得税就得到了净利润。净利润位于利润表的最底部一行，所以在英文里也叫作 Bottom line。

HR 们经常关心的人效数据，比如：人均营收、人均利润、管理人员人均成本、研发人员人均成本等，其中的关键数据就来自利润表。

第三张表是现金流量表，反映了一家公司在某一期间的现金和现金等价物流入及流出的情况。对一家企业而言，现金就是生命线，企业可能很赚钱，但是如果卖出东西后很多天都收不到货款，就没有现金流，公司到最后也一样倒闭。

资产负债表反映的是某个时刻的数据，而利润表和现金流量表反映的是某段时期的数据。所以，在一个财务年度内，你会看到两张资产负债表，一张是期初的，一张是期末的。而利润表和现金流量表都只有一张，是期初到期末这段时间内发生的情况。

资产负债表

了解完三张报表后，我们接下来看 HR 可以从三张报表中挖掘哪些关键信息。在我平时的 HR 数据分析中，资产负债表和利润表用得较多，现金流量表用得较少。

先看资产负债表，在负债项栏目中有一条叫应付职工薪酬。该项目包括应该支付给员工的薪资、社保、福利和辞退金等。如表 6 所示，应付职工薪酬的本期增加额，通常就是本期内的发生额，也可以将此金额视作本期内发生的人力成本。

表 6　应付职工薪酬表

项目	期初余额（元）	本期增加（元）	本期减少（元）	期末余额（元）
一、短期薪酬	165,468,706.60	970,745,740.38	965,007,355.69	171,207,091.29
二、离职后福利－设定提存计划	18,938,431.39	98,217,672.72	100,472,126.52	16,683,977.59
三、辞退福利	2,492,312.72	10,725,606.79	8,014,997.08	5,202,922.43
四、一年内到期的其他福利				
合计	186,899,450.71	1,079,689,019.89	1,073,494,479.29	193,093,991.31

比如，根据 2021 年上海家化的财报中列的应付职工薪酬，当年上海家化的总人力成本为 1,079,689,019.89 元。

应付职工薪酬后面还有一组数据叫短期薪酬，如表 7 所示。

我们通常说某家公司的员工平均年收入××元，就是用短期薪酬中的"工资、奖金、津贴和补贴"除以公司员工人数就可以得出。公司的员工人数，包括员工在各个职能条线的具体分布，都可以在财报中找到。

表7 应付职工薪酬之短期薪酬表

项目	期初余额（元）	本期增加（元）	本期减少（元）	期末余额（元）
一、工资、奖金、津贴和补贴	144,380,543.25	847,282,203.53	843,631,618.66	148,031,128.12
二、职工福利费	0	24,265,409.38	22,632,789.38	1,632,620.00
三、社会保险费	8,014,350.48	47,666,908.15	47,329,120.12	8,352,138.51
其中：医疗保险费	2,247,328.81	43,699,450.23	43,367,255.69	2,579,523.35
工伤保险费	123,380.83	2,237,586.9	2,213,338.01	147,629.72
生育保险费	303,831.55	680,674.88	692,029.97	292,476.46
其他	5,339,809.29	1,049,196.14	1,056,496.45	5,332,508.98
四、住房公积金	5,957,399.65	42,937,420.99	43,168,161.33	5,726,659.31
五、工会经费和职工教育经费	7,116,413.22	8,593,798.33	8,245,666.20	7,464,545.35
六、短期带薪缺勤				
七、短期利润分享计划				
合计	165,468,706.6	970,745,740.38	965,007,355.69	171,207,091.29

表8是上海家化的财报中披露的员工人数。

表8 上海家化的财报中披露的员工人数表

类别	人数
母公司在职员工的数量	964
主要子公司在职员工的数量	4561
在职员工的数量合计	5525
母公司及主要子公司需承担费用的离退休职工人数	0
专业构成	
生产人员	1249
销售人员	3579
技术人员	205
财务人员	200
行政人员	292
合计	5525

续表

类别	人数
教育程度	
博士	16
硕士	234
本科	1288
大专	1719
大专以下	2268
合计	5525

利润表

相比于资产负债表，利润表中对 HR 有用的信息会更丰富一些。我们先参考贝泰妮 2021 年报，利润表如表 9 所示。

表 9　贝泰妮 2021 年报利润表

项目	2021 年度	2020 年度
一、营业总收入	4,022,403,431.75	2,636,488,348.17
其中：营业收入	4,022,403,431.75	2,636,488,348.17
利息收入		
已赚保费		
手续费及佣金收入		
二、营业总成本	3,046,705,292.38	2,010,455,786.08
其中：营业成本	965,167,028.03	626,059,725.33
利息支出		
手续费及佣金支出		
退保金		
赔付支出净额		
提取保险责任合同准备金净额		
保单红利支出		
分保费用		
税金及附加	52,118,034.09	46,056,855.00
销售费用	1,680,769,545.86	1,107,132,076.09

续表

项目	2021 年度	2020 年度
管理费用	245,497,512.20	168,645,022.22
研发费用	113,221,150.05	63,441,047.39

利润表后面的项目还很多，在此不再一一列举。利润表中有几个数据指标非常关键。

首先是营业收入，也就是利润表第一行的数字。我们可以看到，贝泰妮的 2021 年营业收入是 4,022,403,431.75 元。相比之下，上海家化的 2021 年营业收入是 7,646,123,006.52 元。可以看出，上海家化的规模更大，收入几乎是贝泰妮的两倍。

但是，企业规模大并不意味着效率高。上海家化和贝泰妮的净利润分别是 675,927,272.20 元和 862,922,946.61 元，利润的差距一目了然。

虽然贝泰妮营业收入几乎是上海家化的一半，但是贝泰妮的净利润却是上海家化的 1.28 倍，换句话说，贝泰妮比上海家化更赚钱。

两家企业利润率的比较也印证了这一点，如图 20 所示。

贝泰妮的盈利率更高，原因有很多。人员效能可能是其中的一个方面。我们知道，人效的一个指标就是人均产出，也就是用营业收入除以员工人数得到的比率，我们来对比一下两家企业的人均营收，如图 21 所示。

利润率

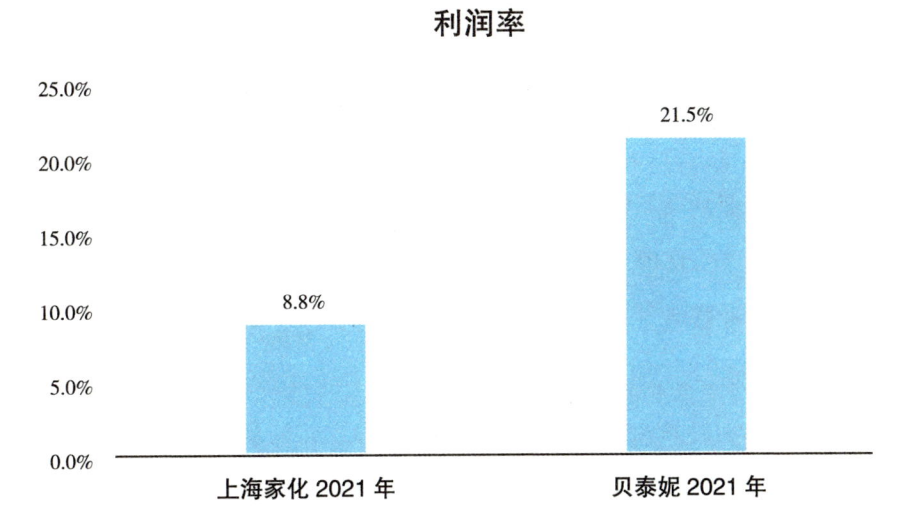

- 上海家化 2021 年：8.8%
- 贝泰妮 2021 年：21.5%

图 20　贝泰妮与上海家化利润率对比图

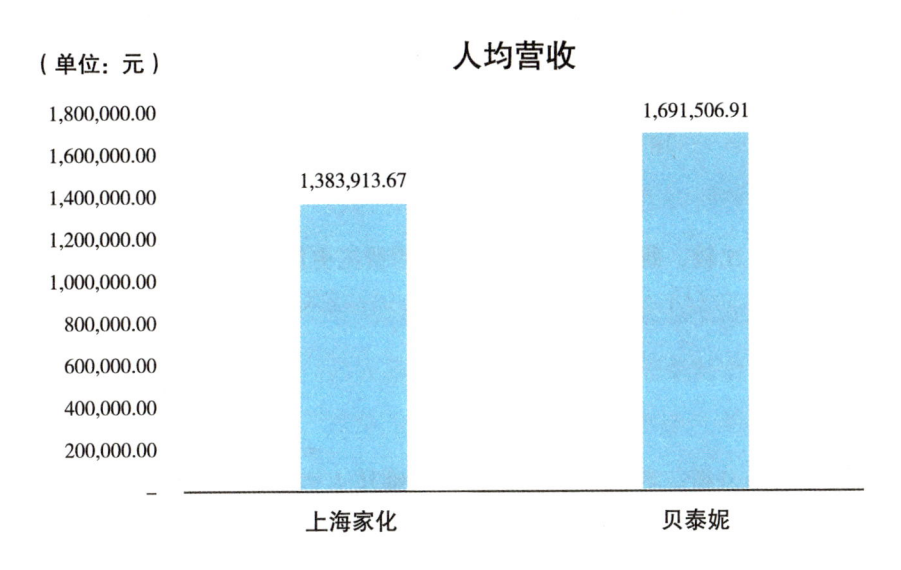

人均营收

（单位：元）

- 上海家化：1,383,913.67
- 贝泰妮：1,691,506.91

图 21　贝泰妮与上海家化人均营收对比图

还有一个常用指标是人事费比，也就是人力成本除以营业收入得到的比例；或者薪资费比，也就是工资奖金金额除以营业收入的比例。

这两个比例都能说明同一个问题：比例越低，意味着企业花在员工身上的钱效率越高。两家企业的人事、薪资费用对比情况如图22所示：

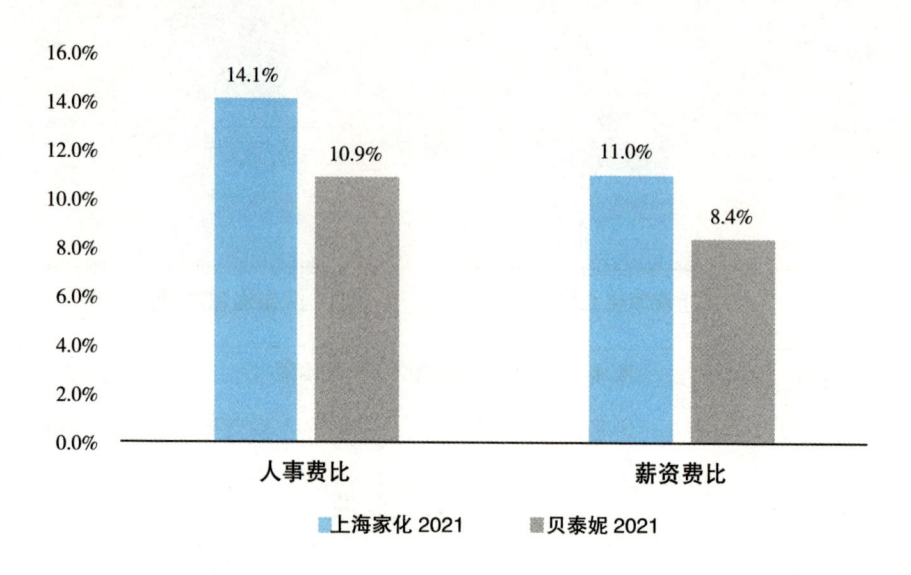

图 22　贝泰妮与上海家化人事、薪资费用对比图

通过以上比较，我们不难发现贝泰妮的费比更低，人效更高。

三项费用

通过前面分析，我们了解到了公司的整体人力成本和薪资费用。但是，还未能深入到不同的职能或模块去分析费用。在利润表的费用项里，就帮助我们做了这样的更深入的拆解。

在利润表中包括三大费用，分别是销售费用、管理费用和研发费用，其中，销售、管理、研发的人员费用就包括在这三大费用中。

以管理费用为例，我们来看贝泰妮的 2021 年财务报表，如表 10 所示。

表 10　贝泰妮 2021 年财务报表中的管理费用表（元）

项目	本期发生额	上期发生额
人员费用	91,242,880.88	80,698,361.14
咨询服务费	61,138,299.23	25,668,708.76
办公、物料费用	24,049,717.16	15,470,357.24
折旧与摊销	31,214,801.67	14,542,479.53
租赁费	2,227,492.76	9,523,092.03
业务招待费	7,390,543.21	8,230,680.77
差旅交通费	4,680,552.64	3,324,889.79
其他	23,553,224.65	11,186,452.96
合计	245,497,512.20	168,645,022.22

其中的人员费用，就包括了管理类人员的薪资、福利等人工成本。需要注意的是，这里的管理类人员都是我们通常所讲的后台人员，也就是除去营销和研发之外的人员，包括 HR、财务、行政等以及公司的管理层等。

通常将费用中的人员费用除以公司营收所得到的费比，可以用来比较公司在销售、研发、管理领域里的人效管理情况。

图 23 是上海家化和贝泰妮的三项费比比较情况。

从图中可以看出，贝泰妮整体人效高的原因：两家公司在销售和研发方面的人事费比相差无几，但是贝泰妮对后台人员费用的控制效果更明显，费比不到上海家化的一半。

我们都知道，营销人员可以为公司带来直接产出，研发人员相当于是在为公司的未来投资，而后台人员相比之下并不能给公司带来最直接的产出。

所以，在任何时候保持精简的后台团队都非常有必要。从这方面看，贝泰妮显然做得更好一些。

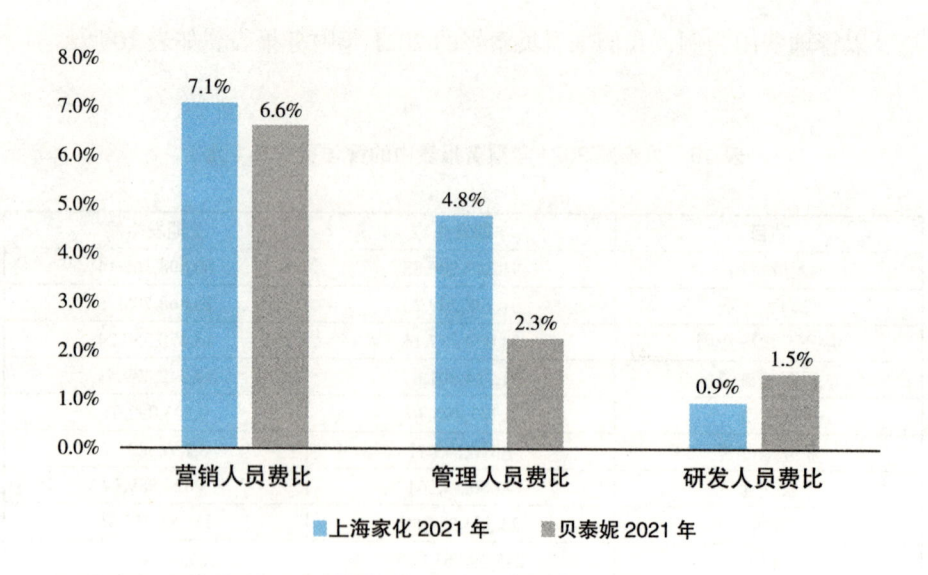

图 23 上海家化和贝泰妮的三项费比比较图

此外，我们如果从 2020 年—2021 年连续两年的时间维度来比较两家公司的人员费用变动趋势，也能得到一些类似的结论。

首先是上海家化两年的人员费比变化（如图 24 所示）。

然后再来对比一下贝泰妮的两年费比变化（如图 25 所示）。

通过以上对比，我们不难得出结论：

上海家化的营销人员费比从 6.6% 上升至 7.1%，而贝泰妮则从 7.0% 下降到 6.6%。贝泰妮较好地控制住了营销人员的人力成本增长。

上海家化的管理人员费比从 5.3% 下降到 4.8%，下降了 0.5 个百分点；贝泰妮同样实现了下降，从 3.1% 下降到 2.3%，下降了 0.8 个百分点，下降幅度更大，说明贝泰妮对管理人员的费用增长控制得更好。

上海家化的研发人员费比从 1.0% 下降到 0.9%，而贝泰妮则从 1.0% 上升到 1.5%。说明贝泰妮加大了对研发队伍的投入。

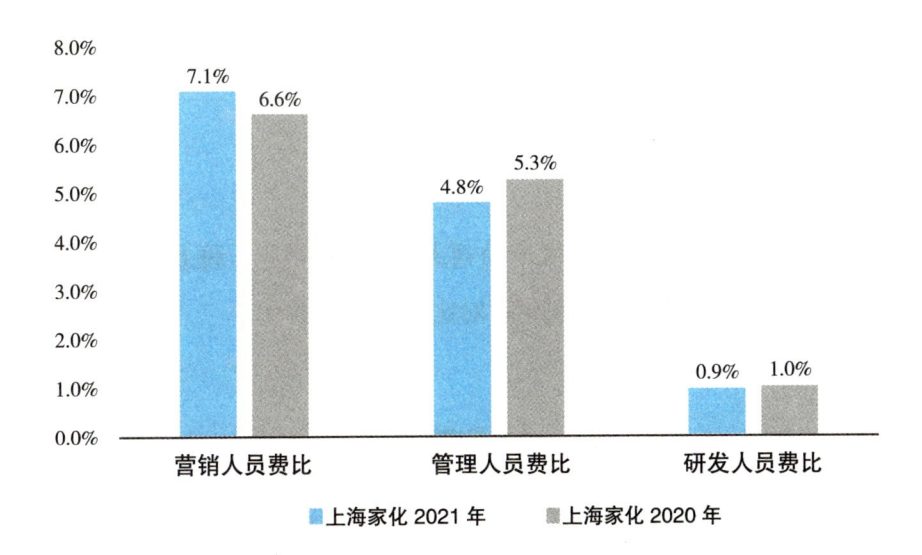

数据分析篇
在财报季，HR 应该关注财报的什么内容

图 24 上海家化 2020-2021 年的人员费比变化图

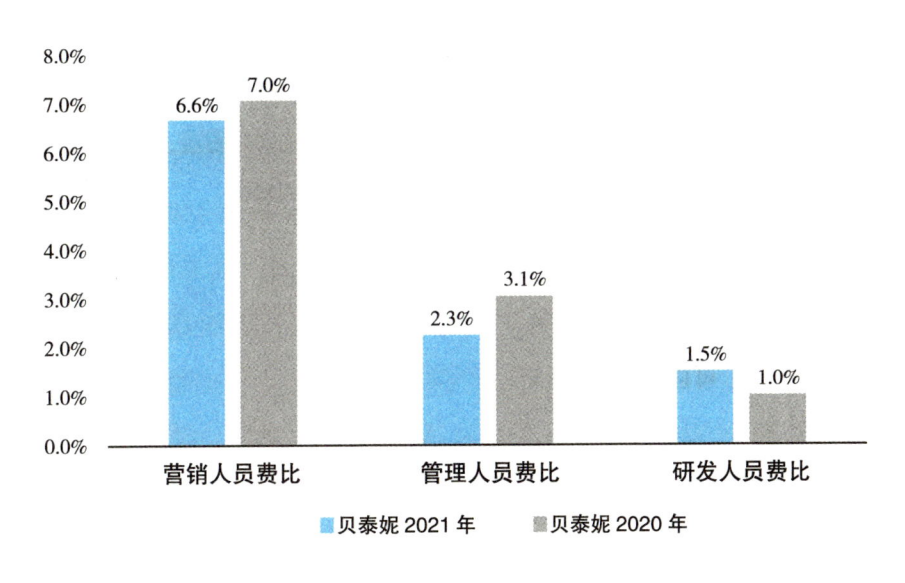

图 25 贝泰妮 2020-2021 年的人员费比变化图

以上数据只是做了两年的对比，如果有条件的话，建议将时间跨度拉到

更长（比如五年），这样可以更好地发现数据的变化趋势。

人员结构分析

最后，在财报里还有一组关于公司人员分布的数据，将上海家化和贝泰妮人员根据其所属的职能按比例进行对比，如图 26 所示。

人员构成比较

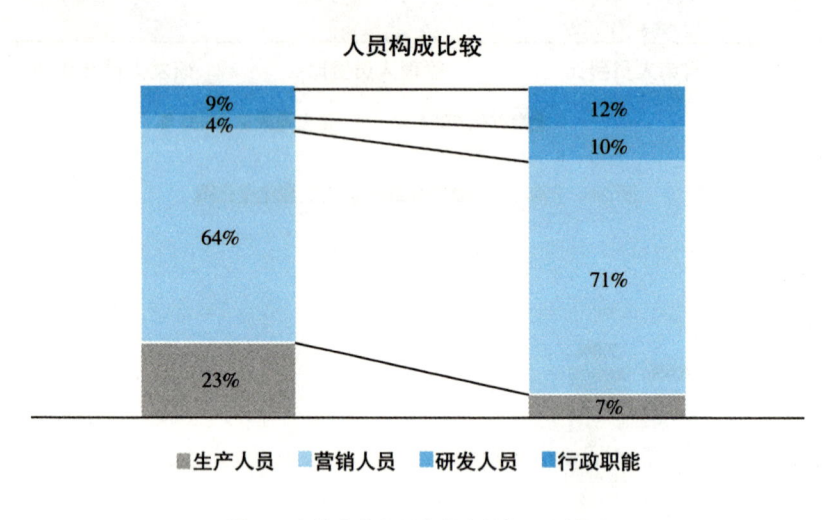

上海家化：生产人员 23%，营销人员 64%，研发人员 4%，行政职能 9%

贝泰妮：生产人员 7%，营销人员 71%，研发人员 10%，行政职能 12%

图26　上海家化和贝泰妮人员构成比较图

通过对比，可以得出几个结论：

- 上海家化的生产人员比例远高于贝泰妮，这是因为贝泰妮在经营中大量采用了委托生产加工的方式
- 贝泰妮的营销和后台人员比例超过上海家化，但是其人员费比都低于上海家化，说明贝泰妮这两个职能的人员性价比更高
- 贝泰妮的研发人员比例几乎是上海家化的两倍，从贝泰妮 2020 年、

2021 年的两年年报中也可以看出，该公司 2021 年的研发人员费用同比增长了几乎两倍，也说明该公司在大力投资研发，不断为未来下注。

截至北京时间 2022 年 3 月 25 日，上海家化市值 242 亿元，贝泰妮仅仅上市一年，市值已达到 741 亿，两者相差将近三倍。通过以上分析，大家也不难看出，至少从人员效能方面，贝泰妮的效率更高，这大概也是其市值遥遥领先的原因之一吧。

个人发展篇

在今天这种外部环境变幻莫测的大背景下，要制定一份有效的个人职业发展计划，需要思考一个问题：哪些是不确定的？哪些是确定的？一方面，个人所处的组织环境是不确定的、老板是不确定的、行业是不确定的；另一方面，个人保持不断精进是确定的，Stay humble, Stay hungry, 求知若渴，虚心若愚，以确定性来对抗不确定性。

一位资深 HR 总监的职业心路分享

在一个冬日的下午，我和同事来到苏州斜塘老街的一所古色古香的会所，和一位大型集团的人力资源总监谈合作项目。

随着谈话的深入，我们逐渐把话题转移到了 HR 的自身角色上，这位资深的 HR 领导动情地分享了自己多年的职业成长心路。

她在七年前举家从上海迁到苏州，以职业经理人的身份加入这家集团，协助老板一起把公司打造成今天拥有上千人的业务多元化集团，自己也成为老板非常倚重的左膀右臂。

在加入这家集团之前，她做过中学教师、做过酒店服务员，还做过企业运营，但是唯独没有做过人力资源管理。

那她又是怎么做到的？她对 HR 工作是如何思考的？以下是我凭记忆整理下来的一些聊天中的亮点，希望给各位尚在 HR 职场中奋斗的同仁们带来一点启发。

支持业务

HR 不宜说太多，也不宜做太多。如果你是一个新人，先要默默地观察组织行为，学习业务，厚积薄发。等待时机成熟，抓住一个关键切入点去做。一旦开始，就只能成功不能失败。

HR 不是业务部门的保姆，HR 应该把自己平时的工作角色定义为给业务赋能。做项目时要和业务一起共创，项目结束后要实现对业务的赋能。

HR 先教会业务识人、辨人、管人、盘点人的能力，然后再适时退出。HR 全程的作用是协助和支持，不能越俎代庖。工作完成后，其中的内容和流程要以点带面，形成文字和手册，然后成功地移交。

有业务骨干要离职怎么办？首先要尊重对方的想法，了解对方的动机。

自我认知能力强的员工，知道今天的成绩除了个人努力外，更多来自现在的平台，他们不会轻易离职；自我认知能力模糊的员工，让他们先出去历练一圈也不是个坏事，这样会帮助他们更准确地看自己。

尤其对那些有潜质的人才，保持对他们的关注，随时了解他们在新公司的思想波动，一旦时机成熟，争取他们回归。

出现业务部门的管理问题时，哪怕 HR 认为是非常明显的问题，也要用数据支撑才能获得业务部门的认可。通过各种包括调研在内的手段，获取相关数据和事实，这样才能引起他们重视。

向上管理

同理心、同理心、同理心。

老板都是在生意场上取得了一定成绩的人，所以千万不要去低估老板的智商和能力，遇事多站在老板的角度来思考问题。

如果一件事老板不同意你的观点，说明你的说服能力不够，多修炼自己的影响力和说服能力。如果你坚持认为自己是正确的，那就找一切正式的和非正式的机会和老板"磨"，直到老板被说服。

不要让自己的神经太敏感，有时候对外界的反应稍微迟钝点不是坏事。

老板也和普通人一样，也有喜怒哀乐。遇到某天老板批评你，可能此时并不是针对你，而是来自其他事情的心情发泄。不要老把这件事放在心里，甚至影响自己后面的工作状态。

否则等事情过去了，老板已经把注意力转移到其他事情上了，你却还停留在这里，这就浪费你自己的精力了。

团队带领

选人要挑选那些有自我认知能力的人，这样的人很清楚自己想要什么，来到公司之后在工作中会有自驱力，即使其他公司加薪也不会轻易离职。

如何挑选候选人的简历？只是简单重复过去的人不会有任何成长，也不会有什么前途。有经历不等于有经验，有成长才叫有经验。

员工成为你的下属，除了希望跟着你实现个人职业成长外，还希望能够获得相应的物质回报。永远不要等着员工提加薪或因为薪水提离职。这位HR领导在过去几年从来都是自己主动给员工提出加薪。

允许下属犯错，但是绝对不容忍他们不诚实。还是这位HR领导曾经让下属写一份材料，结果对方从网上下载了一套文档来交差，后来她坚决地辞退了这个下属。

结语

她还分享了作为一个HR领导应该每天思考的事情：结合组织的每一个发展阶段，思考HR需要提供什么框架，来支持业务的发展。

比如，结合目前公司发展阶段，中层领导已经成为人才的核心层。她正在思考的一件事是用2~3年的时间，梳理提炼公司的领导者人才标准，然后通过该标准做内部的人才盘点和发展，最终打造内部可持续的领导人才供应链。

在家办公如何提高工作效率

很多朋友因为疫情原因开始在家办公。我自从离开甲方公司开始创业之后,在家办公就成为我的日常。因此以自己的亲身体会来谈谈,在家办公如何提高工作效率。

列一个工作时间表

我发现,在家办公最大的危险就是思想太放松,将在家办公当成另一种形式的放假。思想一旦松懈下来,后面花的时间再多,想保证工作质量也就很难了。

所以,在家办公时,我每天会像正常上班一样列一个时间计划:什么时间起床、什么时间工作和什么时间休息都一目了然。当然,时间安排可以比正常上班更轻松一些。有了一个写在纸面上的作息安排,至少你在思想上就更容易进入工作状态。

像我这样,平时工作日如果有外出,时间都是根据客户要求来,还比较容易安排。当自己在家办公时,会很紧凑地给自己安排多项工作,时间反倒不够用,一天下来感觉过得比上班还要快。

写工作计划的同时,一般也会列一个当日的任务清单,每完成一条就划掉一条。我的经验是:清单上不一定必须只列出那些重大事项,只要自己认为有必要的，哪怕是个小任务也可以列出。比如，给客户写一封邮件、做几页 PPT、读完几页书等。

这样做的好处是：每次完成一件任务，看着自己勾掉的一条清单，心里会特别有成就感，觉得今天时间没有虚度，完成起后面的工作来更有动力。

避免干扰

无数研究结果已经告诉我们：要让自己工作高效，首先就必须保持专注。在保持专注的前提下，你工作的效果可能好过受到干扰情况下花几倍时间的效果。尤其在今天这种社交媒体无处不在的时代，相信很多人平时工作或学习起来，跟我一样都会有一种压抑不住的冲动想去刷微信、微博和网站。

我的体会是：如果控制不住这样的冲动，那就想办法把自己接触社交媒体的途径截断。比如，如果我在专心准备某个资料或者写一篇文章时，会把手机设置为飞行模式。

如果非常关注外部的动态，尤其是像现在这种形势下又该怎么办？那就在时间表中，单独给自己留一块时间来刷手机，比如起床后、饭后或睡觉前。

此外，我还有一个发现：保持桌面的整洁也有助于避免在工作中受到干扰。桌上东西如果放太多，就会时不时吸引走你的注意力。整洁的桌面能够帮助你在工作中聚焦手上的任务。

保持节奏，松弛有度

一个正常人如果长时间工作，很难保持注意力集中，工作效果也不一定好。自己以前经常会坐下来读书或写东西长达几个小时，但后来发现，其实只有最开始的那段时间效率是最高的，头脑也是最清醒的。

《哈佛商业评论》曾经在 2017 年发表的一篇文章中提到：一家社交媒体公司在研究了公司内那些效率最高的员工之后发现，他们通常集中精力工作 50 分钟之后会休息 17 分钟。

所以，在长时间工作中保持适当的休息节奏很有必要。尤其是，在家办公所处环境比办公室更灵活，适当安排一些休息时间，可以起到事半功倍的效果。

每次工作时长多少为最佳？

这个因人而异，但一定要避免等到实在累了才休息。除了开电话会议这种没有选择的情况之外，我喜欢把整块时间切成 20~30 分钟一段。时间到了，即使事情没做完，也要尽可能地暂停一下，利用这个间歇给自己简单充个电。

保持工作边界

避免工作不受干扰的另一个办法是保持工作的边界。在家工作，如果身边就摆着沙发或床，人一累就容易躺上去。如果此时再把手机拿出来刷一下微信或微博，几十分钟在不经意间就流逝了。

之前看文章有不少人推荐把工作场所放到一个单独的房间，至少不要和床或沙发放在一个房间内。我的卧室里也有书桌，以前在卧室工作，累了就直接往床上一躺，浪费掉不少时间。后来把工作房间和睡觉房间刻意地分开，效率顿时提升了不少。

吃东西也是同理。我会尽量不把吃的放到工作房间，喝水也去其他房间。总之，工作房间的布置要做到让自己一旦跨入，整个人就能进入工作状态。

休息多样

我的间歇休息时间不会达到前面文章讲的 17 分钟那么长，一般来说 3~5 分钟足够了。时间一长，注意力容易被其他事吸引，这时再回来想恢复刚才的工作状态就比较难了。

不要以为有效的休息一定要长时间，其实，很多时候短暂的休息如果采用的形式合理，也能够起到休息大脑、激发思维的作用。

我去一个客户公司开会，会间休息 10 分钟。我发现该公司创始人就会利用这个时间去单独的房间做个 5~6 分钟的冥想。一开始我还很好奇这点时间够不够，后来去查了一些资料，也学习了一下冥想，虽然时间短暂，但是确实对清空大脑、集中精力有一定作用。现在我经常会在坐出租车时闭眼冥想一下，效果还不错。

如果在家办公，一般会选择在间歇的几分钟里做几组俯卧撑，或者整理书架和其他物品。就是那么简简单单摆放几下，身体和大脑都很容易放松下来。而且，在整理过程中，你经常会有一些新发现，比如，发现了一本你正想读的书，或者正想下单去买的、被你忘在某个角落里的物品。这种收获带来的好心情也可以给你接下来的工作带来积极影响。

不忘锻炼

长时间伏案工作容易造成对身体的损害。但是，受家里条件限制，无法去室外运动，那又该如何锻炼身体？

其实，就算待在家里，也可以找到很多有效的锻炼方式。我之前有一个业务老板，是个老外，50 岁左右，但是身材保持得极好，人看上去也非常年轻。有一次吃饭时，我实在忍不住就问他是不是经常去健身房。

他回答说，除了出差他很少去健身房，大部分时间的锻炼都是在房间里就地取材，经常在地板和椅子上做全身的力量练习。

我自己也有一个常用的办法，就是每次都起身接电话，边通话边来回踱步，这样也可以起到工作、锻炼一举两得之用。

科比与一万小时定理

相信很多人都听说过科比那段关于"洛杉矶凌晨四点"的典故。当时有记者采访科比，问他，为什么能够如此成功？他反问道："你见过凌晨四点的洛杉矶吗？"记者回答："不知道，要不你说说凌晨四点的洛杉矶是什么样？"

科比这样回答：

"究竟怎么样，我也不太清楚。但这没有关系，难道不是吗？每天洛杉矶早上四点仍然在黑暗中，我就起床行走在洛杉矶街道上。一天过去了，洛杉矶的黑暗没有丝毫改变；两天过去了，黑暗依然没有半点改变；10多年过去了，洛杉矶街道早上四点的黑暗仍然没有改变，但我却已变成了肌肉强健、有体能、有力量、有着很高投篮命中率的运动员。"

多年前曾经读过格拉德维尔的书，名为《异类》，令我印象最深的是书中提到：很多成功的人之所以成功，是因为他们用了别人没有用的笨办法，在自己的领域内积累了至少超过一万小时以上。

如果每天投入8小时，一周5天，那么成为一个领域的专家需要的时间是5年。科比正是一个完美地印证了这条一万小时定律的人，我想这应该也是很多人将他视为偶像的原因之一。

科比有一套非常简单的训练秘籍，有人曾经把它概括为一套"6-6-6"训练法，具体就是：每天6小时，每次6个阶段，每周6天。

千万不要以为这是非常正常的每天6小时，这个训练的强度简直可以用

"地狱"来形容。每天 6 小时的训练内容主要包括：

- 2 小时跑步＋2 小时篮球＋2 小时举重
- 高强度的 20 次 20 米折返跑
- 投篮：每天 700~1000 次
- 最大运动量的举杠铃
- 深蹲 400 次等

这种训练强度对于职业选手来说，也称得上是魔鬼考验，而这种训练却是科比每天的日常，他坚持了十几年。

如果套用一万小时定律，像这样每天 6 小时、每周 6 天的坚持，5 年便可以成为一个领域的专家。

不过，积累够这一万个小时真的就能成为专家吗？

《刻意练习》一书的作者埃里克森在对一系列领域内的成功人士做了长达几十年的研究后发现：这些人之所以能成为领域内的顶级专家，除了有至少超过一万小时的积累外，还在于他们有一套行之有效的方法来"刻意练习"。

商业上有个著名模型叫 PDCA：人在工作的时候需要首先做好明确的计划（Plan），然后去坚持执行（Do）。在执行期间随时做反思和复盘（Check），最后把复盘的内容转化为下一次的工作改进（Action）。

埃里克森的"刻意练习"和 PDCA 比较类似，他认为，想要成为专家就要在练习中做到四点：第一，有明确的目标。用 SMART 标准来为自己制定阶段性的目标。第二，专注。在每个人很容易被社交媒体、信息过载干扰的今天，这一条显得尤为重要。第三，反馈。要自我反思或者请高手来给你做反馈、照镜子，随时找出不足的地方并提高。第四，走出舒适区。一直处于舒适区里的练习注定只是简单、机械的重复，无法实现从量到质的飞跃。

几周前我去参加了一个讲座,演讲者是美国中学生数学奥林匹克国家队的教练,正是他带领美国队在最近几年的国际数学奥林匹克赛场上连续拿到了第一名。

在问答环节,台下有一位学生家长问了一个很多家长都感兴趣的问题:靠多刷题可以学好数学吗?

他没有正面回答这个问题,而是根据自己当初学习数学的亲身经历,分享了学习中的两个原则:第一,挑战。他从小就喜欢给自己一些挑战,去解决那些别人无法解决的难题。第二,思考。在做题之余,他总会给自己留一点时间来思考。思考题目背后的 Why 是什么?有其他更好的什么方法可以解决这个问题吗?

他说的这两条原则,正是对应了前面刻意练习中讲的"走出舒适区"和"反馈"。

以何种心态来对待我们每天不得不面对的工作

我和一位朋友通电话，他提到公司老板非常喜欢稻盛和夫的管理哲学，我就突然想到自己书架上正好有一本放了很久但是从未读过的《干法》，也是稻盛老先生的一本代表作。好在书也不是特别厚，于是花了两三个小时把它读完了。

读完之后有点小后悔，这么好的一本书我竟然拖到现在才读。书给我带来的启发有三点，首先是以何种心态来看待自己正在做的工作（无论什么工作），其次是如何在工作中保持创新，最后是如何把工作做到极致。

心态

俗话说，三百六十行，行行出状元。但是，实际身在每个行业中的人们，又有多少人真正发自内心喜欢自己的工作？相信在很多人心目中，"钱多、事少、离家近"才是理想工作的标准，还有不少人每天琢磨的是如何早日逃离现在的工作，去追求理想的诗和远方。

而稻盛认为，如果不能逃避工作，就干脆让自己爱上工作，把自己的全部感情注入工作中去。青年时代的稻盛也遇到过今天我们同样会遇到的问题：公司业务萧条，一起加入公司的小伙伴辞职去做了公务员。但是，辞职没有成功的稻盛最后决定留在企业，并且首先从改变自己的"心态"做起，结果一步步成为世界顶级的企业家。

热爱自己的工作和产品，需要达到什么程度？用稻盛的话说，就是如果你真的仔细倾听，你都能听到来自工作的好似神之声音的"产品的哭泣声"。透过这样的语言，看得出稻盛真的是为工作付出了自己最大的感情。而他自己也是数十年如一日地这样践行，并最终创立成功两家世界500强企业（京瓷和KDDI），还把另外一家大型企业（日航）从濒临破产的边缘拯救了回来。

对待工作其实也是同样的道理。对自己而言，创业快两年了，业务日趋稳定，工作内容也从一开始的每天都有新鲜感变得更加服从一种固定模式。讲课、做项目、做顾问，越来越多的工作内容也开始有了重复。有一段时间，我一度对这种工作模式感到有点无聊。

但是，《干法》给了我一剂清醒剂：原来，我还没有真正达到稻盛所说的那种发自内心地热爱自己的工作，还没有进入那种可以倾听"产品的哭泣声"的境界。想到这里，我不禁直冒冷汗。

其实，我在每次讲课中接触的学员都不一样、每一个项目接触的客户也不一样，每个客户遇到的问题也不完全一样，如果我能够发自内心地去拥抱这些工作内容，就能够从每一个工作细节中发现真正的美，又怎会感到工作无聊？

如何去拥抱和热爱自己的工作？稻盛老先生给出了自己的建议，这里列举一二：

- 全神贯注地做好自己的工作，这样可以磨练自己的灵魂
- 在工作中为自己每一次小小的成功而欣喜，要抱着一颗被感动的心，诚挚地对待生活
- 当工作受到别人夸奖时，要诚挚地表达感谢，继而将这种喜悦当成精神食粮，让自己投入到更艰苦的工作中去

- 坚持为自己的工作付出不亚于任何其他人的努力

创新

日本京瓷公司后来能够做得非常成功，和稻盛和夫一直坚持的工作创新分不开。他的创新理念一共包括三个部分：第一是敢于走别人没走过的路，第二是做事情要敢于跨行，第三是做同样的事情要坚持提升和精进。

为什么要走别人没走过的路？因为别人走过的路上机会就很有限，留不下太多有价值的东西。而无人涉足的新路，尽管有些艰难，但是可以有很多新的发现和巨大的成果。很多企业之所以成功，就在于敢于探索和试验自己业务发展的第二曲线，比如奈飞从DVD租赁到流媒体再到原创剧，比如阿里巴巴从黄页到电商再到云计算，都是在别人未走过的路上收获了巨大的回报。

为什么做事要敢于跨行？因为稻盛和夫认为"外行"没有先人观念，不会拘泥于既成习俗，能够自由联想，这是做创新的最大优点。稻盛和夫大学所学的专业是有机化学，而成立京瓷之后，自己的主攻领域又是和陶瓷相关的无机化学。日本其他很多知名公司，包括任天堂、欧姆龙、村田制作所等，其创始人一开始也和稻盛和夫相似，当面对市场出现的机会时，勇敢地跨出自己原有擅长的专业，向新事物挑战，这才有了后面的辉煌。

第三个部分直白说就是"日拱一卒，保持精进"。稻盛和夫每天在不断地进行创造性的工作。他甚至认为，哪怕就是扫地这么一件小事，只要每天尝试用不同的方法来加以改善，水滴石穿，一个人坚持到最后也能成为一个领域的专家。

极致

稻盛和夫对待工作有一个态度,就是做事要做到极致。那么,到底什么才算极致?他曾经多次引用自己亲身经历的松下幸之助的演讲来加以说明。

事情的大概经过是这样的:松下幸之助在一次公开演讲中提到,做企业财务的人需要平时在经济好的时候注重储备,这样在经济变差时就能自如应对。后来现场就有人提问:这个道理大家都明白,但是该怎么做才能做到经营有余裕呢?

松下幸之助当时的表情非常困惑,他沉默片刻,讲了一句话:"这个问题的答案别人给不了你,只能你自己去想。"

事实确实也如此,每个人的企业遇到的情况都不一样,你自己的企业只有你自己最清楚。做好企业的方法没有人能够教会你,你必须学会自己去认真思考,而这种思考才是一切成功的开始。

我近期遇到一件事情:在一次人力数据分析的课堂上,我讲到了人力资源效能指标,包括人均利润、人均产值等。然后就有学员举手说:"这些指标我都知道,但是到底该从哪里去找呢?咨询公司卖的指标收费昂贵,而老板又不愿意支付这笔费用,到底该怎么办?"

前面章节中我也提到过,有一位学员遇到了同样的问题,给老板的数据报告里需要呈现同样的指标。后来我建议她从同行业的上市公司年报里去寻找。但是,数据提交之后老板也不满意,因为这些上市公司的体量都大过自家公司太多。后来,她另辟蹊径想到了一个方法:将同一个写字楼里、体量和公司相当的竞争对手数据搜集到。最后,几经努力,她居然把这个看似不太可能的任务完成了,这份报告也受到了老板表扬。

很多时候,我们过于依赖从外部寻找一个现成的解决办法,丧失了思考的主动性,最终也无法成就一个高的目标。一旦你有强烈的愿望去完成一项高目标，你就一定会绞尽脑汁、千方百计去寻找一切解决办法。如果不去想，不认真思考，不去尝试，最后什么都实现不了。

这条原则对工作和生活同样都适用。

新工作第一个月的复盘笔记

自从我 7 月底重返职场,加入一家民企担任人力资源负责人职位,迄今已有一月有余。公司正处于一个重要转型时期,在过去这一个月的时间里,我的个人时间少了、读书少了、写文章的频率低了,但是每天仍有机会参与大量的商业实战之中,每天花大量时间在会议、沟通、方案和决策上面,日子过得既紧张又充实。

之前做企业外部顾问,是由外至里看企业;现在重回企业,从 Insider 的角度又能接触到很多以前接触不到的商业问题。因此,这段时间带给我个人的职业成长也是加速的。

总结一下这段时间工作中感受最深的几点:

战略聚焦

公司新任 CEO 是世界顶级咨询公司战略咨询顾问出身,后来也在行业甲方龙头企业做过很长时间的高管。所以,他对这家公司的转型之路领导起来也是轻车熟路。

公司高层会议上强调最多的一个词是"聚焦"。所谓战略,就是决定要做什么,不做什么;什么有所为,什么不能为。一个企业的资源是有限的,必须把有限的资源投入最重要的领域,必须要敢于放弃那些占领不了的山头。

乔布斯从 NEXT 公司重回苹果之后做的第一件事就是大幅砍掉苹果 70% 亏损严重的产品线，只保留了四项重点产品，最后正是靠着这仅有的几款产品，包括 iPod、iPhone 和 iPad，实现了苹果的东山再起。

制定 HR 战略同样需要聚焦。我们这家公司做的是 2C 业务，这两年线下业务萎缩明显。相反，依托于各大电商平台的线上业务却增长迅速，和线下业务形成了强烈反差。

在这种大背景下，人力资源也需要将工作重心聚焦，将工作时间和项目资源重点聚焦在发展更快的业务线领域。以人员招聘为例，我们的线下人员编制几乎没有增长，但是线上需要继续增加人员。同时，结合市场形势，公司以往的招聘标准已显得不合时宜，人力资源部需要不断创新人才标准才能确保新人才能够支撑公司未来的业务。

让 HR 工作聚焦业务重心，才能让有限的 HR 资源发挥出最大价值。

工作简化

公司提出的与战略聚焦相对应的另一项要求是"工作简化"。复杂的工作流会延迟工作时间和降低工作效率，也容易在组织内部滋生官僚主义。

比如，之前公司人力资源部实施了一套比较烦琐的绩效考核方法，看似考核办法非常周密，但却非常耗时和低效。业务部门抱怨：很多本来应该花在业务上的宝贵时间，都被用来填写复杂的考核表了。

在 2020 年的第四季度，我们重新设计了一种更简单的绩效考核方法，重点考核业务部门 1~2 项关键 KPI，同时把权、责、利进一步下放到一线业务部门。通过一种类似赛马的机制让那些真正绩效优异的团队和个人可以脱颖而出，并获得高度差异化的奖励回报。

杰克·韦尔奇曾经说过，他的目标是将通用电气所做的一切事情、所制造的一切东西"去复杂化"。工作简化也正在成为越来越多公司的一种发展趋势。前段时间，有文章报道了阿里和网易正在推行工作的简化进程：包括淡化职级、取消工作日报、打破职能深井等。我们也开始推行类似的工作，包括去除人员冗余、减少管理层级、增加管理宽幅、发展员工一人多岗的技能。

今天，2C 市场比 2B 市场面临更多挑战，主要表现在消费者需求和市场变化趋势实在太快，每天各种新概念层出不穷，去年还被消费者追捧的某个产品今年可能就无人问津，上个月还流行的营销策略这个月可能就已过时。

比如，2022 年以前估计很多人还不知道"直播带货"是什么概念。但是，今天它已经成为很多 2C 企业吸引新客的一种主要营销手段。

因此，组织需要具备敏捷能力，能根据外部市场的变化来随时做出自我调整。而这种调整往往是牵一发而动全身，涉及一个组织从销售、市场到研发、供应链的方方面面。

做减法，实现工作流程、工作内容和组织结构的不断简化，可以让组织的掉头和转向更加灵活，应对起外部环境变化来更加从容自如。

人才为先

今天企业里需要的是那种专业过硬、高度自驱，而且愿意不断学习和创新的人。

高度自驱的人是自己想要干，而不是老板要求自己干。他们会主动为自己设立高远目标，不断在工作中去挑战自己的极限，而在一次又一次这样的挑战过程中，他们的能力也不断实现提升。

《奈飞文化手册》中曾经提到，对优秀的人才而言，最有吸引力的东西不是薪资，也不是工作环境，而是和其他更优秀的人才一起共事。

我也经历了一件这样的事：我们面试了一位来自头部企业、非常优秀的年轻人。在面试结束的时候，我问他为什么会考虑我们公司。他回答："我希望和优秀的人一起工作。"

始终保持一颗好奇心的人，会时时刻刻主动去学习新的东西，拥有这种特质的人对于 2C 行业尤为关键。正如前所说，市场变化太快，如果一个身处这个行业里的人总是死守以前的打法，不愿意去学习新的知识和技能，他会发现自己很快就被市场淘汰了。

对我来说也是如此，进入这家企业之后，发现之前在其他地方屡试不爽的原则很难在这里完全适用，必须结合行业和企业的特点做出调整才能奏效。每天不断对工作的探索、复盘、试错和迭代也促使我拥有一种归零的心态，不断打破自己、提升自己。

数据驱动

公司 CEO 上任伊始就提出了数据驱动决策的工作原则。在每周的管理层会议上，大家做的第一件事就是把上一周有关公司业务和外部市场的详细数据进行展示，然后从数据中去寻找问题，深入问题背后去挖掘原因，直到最后找到解决每一个问题的方法。

在这里开会，如果说"我觉得……"或者"好像是……"是不能被接受的。你所提出的每一个观点背后都要拿出相应的数据做支撑。在用数据说话的要求下，你会发现很多时候人们想当然的想法和客观事实存在不小的差距。

记得在加入这家公司之前，我曾经访谈了身边的一些朋友，了解到他们对公司产品的认知。根据这些访谈结果，我一度认为公司产品在某一个消费者细分群体中很受欢迎。

但是，后来的市场销售数据却清楚地表明，购买我们产品最多的是另外一个人群。试想一下，如果不依靠数据，而是凭经验和感觉去做商业决定，最后结果就会南辕北辙。

公司制订了未来三年的战略计划，确定了要新开发哪些产品、升级哪些产品、主推哪些市场活动，以及主攻哪些细分市场。每一条决策背后都有大量的业务数据做支撑，这些数据让大家更加清晰地看到了自己的优势，以及市场机会之所在，也帮助做出的决策变得更加有的放矢。

结语

上面提到的几条工作原则其实也很简单，任何人、任何组织都可以做到。坚持将把每一件简单的工作做好，也是一种不简单。管理的实质也是这样，踏踏实实做好每件事，避免犯错，最后就一定能获得不错的结果。

别管位置好坏，先跳上火箭再说

尽管传统行业巨头的人才流向新兴科技不是什么新闻，但是美国通用汽车（GM）的首席财务官（CFO）Dhivya Suryadevara跳槽加入一家新兴数字支付公司Stripe还是让很多汽车行业的人感到震惊。

要知道，Dhivya的前任在通用汽车工作了40年。另一家美国传统汽车巨头福特公司的前任CFO2019年才退休，他在福特工作了42年。再之前的一任福特CFO也是在这家公司工作了34年。相比之下，Dhivya还很年轻，2020年41岁，担任通用的CFO也仅仅两年时间，她在通用一共工作了15年。

越来越多来自传统行业的顶级人才流向科技行业，也给这些传统巨头敲响了警钟。对于优秀人才而言，他们不再满足之前在传统行业中的那种按部就班的职业发展，他们渴望自己无论是在职业生涯还是个人财富上都能有更加高速的成长，而那些呈指数级增长的高技术公司正好可以提供这样的巨大增长空间，这也让那些包括通用汽车在内的传统巨头企业在保留顶级人才方面越来越力不从心。

无论有什么重要的事情发生，都丝毫不会影响投资者们对高技术公司成长前景的信心，以科技公司成分为主的纳斯达克指数2020年连续创下新高。

科技公司对优秀人才的吸引力如此之大，根据著名雇主品牌调研公司Universum的一份调研报告结果，在对53000名学生做了调研之后，所有人希望加盟的汽车公司雇主是特斯拉。

当然特斯拉也是2020年股价表现最亮丽的公司之一，股价从3月份的300多美元上涨到今天的1600多美元，市值更是以2600亿美元超过了丰田、通用等传统汽车巨头，成为世界第一大市值的汽车公司。

在Universum的这份学生们最希望加入的雇主名单中，特斯拉排名第八。前面七个公司分别是：谷歌、苹果、迪士尼、亚马逊、耐克、J.P.摩根和奈飞。这份名单中的谷歌、苹果、亚马逊和奈飞都是典型的高技术公司。而特斯拉也经常被人们认为是科技公司而不是汽车公司，它甚至有一个外号名为：汽车业中的苹果。

如果把其他传统汽车巨头流向科技业的顶级人才包括进来，你会发现这份跳槽名单还很长，在过去两年里，有大量来自通用、丰田、福特、现代的一些顶级人才流失去了谷歌、亚马逊、脸书以及一些从事无人驾驶的创业公司。

此番跳槽的Dhivya在通用汽车CFO的职位上，2019年拿到了680万美元的年薪，如此天价年薪依然没有改变她变换职业赛道、前往新兴科技公司发展的决心。这不仅让我想起了脸书公司COO桑德伯格在《向前一步》中写过的一段经历：

当时桑德伯格面临一个工作机会，是要不要从顶着耀眼光环的美国财政部部长助理的职位上跳槽去谷歌工作。她对这个工作机会犹豫不决。后来谷歌的CEO施密特对她说了一句话，彻底让她下定了决心。施密特是这样说的："如果有人给你在火箭上提供了一个位置，那么，别管位置好坏，先跳上去再说。"

那么，对于Dhivya来说，Stripe就是这样的一个火箭，其吸引力足以强大到可以让她放弃通用汽车CFO职位和数百万美元年薪而甘心加入。

我个人觉得这件事从某个角度也代表了今天市场发展的一种趋势。科技产业是未来最具有发展潜力的领域之一，科技公司带来的产品和技术创新将继续深刻地改变人类的生活方式，而这些都是传统行业无法企及的。我认为，今天中国大力发展半导体芯片和新基建产业也是顺应了这样一种趋势。

对于每一位尚处职业生涯发展关键期的朋友而言，能否把握住这个大趋势尤为关键。在通往未来的工作机会中，稳定、高薪也许并不一定是最值得追求的，更重要的是，识别出那些真正的火箭机会，然后抓住机会不顾一切先跳上去。

而那些追求所谓的稳定、永远待在舒适区的人，只能让自己渐渐地落后于同时代的人。在今天这个高速发展的时代，短短一两年时间就会升级迭代一批产品，淘汰一批不思进取、原地踏步的人，而一个人也只有把握趋势、奋力奔跑才会跟得上时代，获得最快的成长。

那么，在这样的时代风口中，每个人不妨思考一下：什么才是自己职业发展道路上的火箭？在哪里才能找到这样的火箭？

谈谈新工作一年之后的感受

不知不觉间,新工作已经满一年。这一年的收获如何?还是先拿业绩说话:一年前加入的时候,公司业务举步维艰;一年后的今天,在新管理团队的带领下,同比实现了销售金额增长36%,销售渠道利润增长77%(也是近四年来的最高渠道利润)。

跟HR紧密相关的几个指标,公司员工人数同比减少了15%,人员效能(人均营收)提升了51%,人均利润更是提升了325%。

除去上面这些数字外,我认为个人在三个方面收获最大:

自我进化

我在刚加入这家公司时,完全没有想到后面的经历会给自己带来这么大的改变。公司属于快消品行业,接近40%的销售业务通过在线渠道完成。这样,我们就兼具了ToC和互联网组织最典型的特点:快速变化、快速迭代。

"以客户为中心"在这个市场上不只是一个口号,而是必须融入每个人骨子里的精神。每个月市场上都有一些新品牌诞生,在这种残酷的丛林法则下,组织必须拼命奔跑,随时随地满足客户变化的需求,稍不留神可能就被市场无情地抛弃了。

我之前服务过的公司主要是以ToB业务为主。记得在加入这家公司初期,曾以为自己的以往经验在这里可以找到用武之地,但是后面随之而来产生的冲击让我陷入了深深的思考中。

在经历了从不适应——自我否定——自我清零——重新适应的过程之后,我现在已经能去享受每一天的工作。确实,如果有一份工作每天都能让你学到新东西,还有什么比这个更值得让人兴奋呢?

借用一张关于奈飞公司进化过程的图来说明(如图 27 所示):

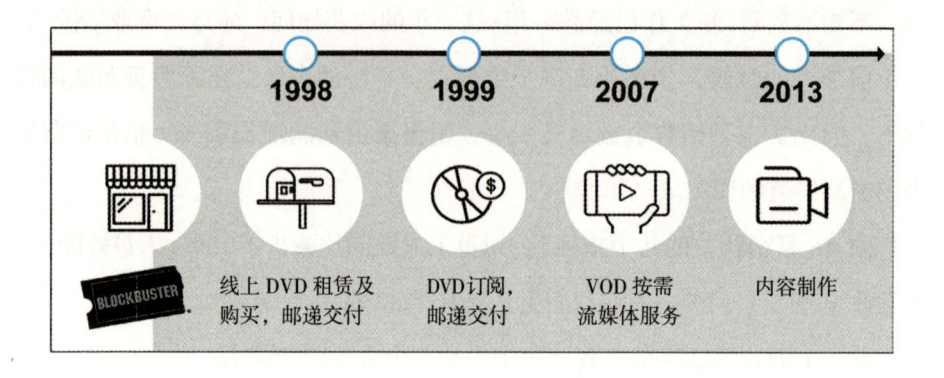

图 27 奈飞公司进化过程示意图

奈飞在历史上也经过了四个阶段的演变:一开始是 DVD 租赁公司,后来成为 DVD 订阅公司,再后来成为互联网流媒体公司,今天则已成为一家 2000 多亿美金市值的全球娱乐公司。奈飞在四个发展阶段,可以说是四家完全不同的公司,正是靠不断地突破自我,一路进化到今天的样子。

组织如此,人也一样。与其担心"35 岁焦虑",倒不如想想怎么在职业道路上不断突破自己,一路实现自我进化。

这几年来,我经历了从企业到创业,现在又回到企业工作的过程,每一个阶段都免不了让自己主动清零、主动进化。因此,不论接下来的选择是什么,现在完全不再焦虑。只要自己保持与时俱进,那么当任何挑战和机会出现时,我相信自己都已经准备好了。

关注每个人

组织是复杂的，每一项业务的背后是每一个有血有肉的人，而人又是最复杂的物种。组织的决定传递下去之后，表面上人们都接受了，但实际上，他们心里是怎么想的？他们可能有什么情绪？如果他们有不同的意见，有没有安排解释和疏导？

贝恩咨询公司的经典作品《创始人精神》中提到：组织业务规模扩大之后，往往会受到一些破坏力的作用，导致企业发展失速，甚至坠入衰退的深渊。而这种典型的破坏力之一就包括听不到一线员工的反馈。

在大企业中，管理人员可以坐在办公室里开会指点，并不需要像小企业那样事必躬亲、身临一线。殊不知，这样容易逐渐导致管理人员和一线员工的脱节，最终导致管理者在重大决策上的误判。历史上柯达、诺基亚和家得宝公司的失败案例，都深刻地诠释了随时保持一线敏锐度的重要性。

在以往的工作经历中，也许因为公司规模的原因，我的关注点更多地落在了组织和团队上面。今天在这家公司，董事长和 CEO 随时都会提醒 HR 对个体的关注。哪怕是某个生产线工人反映的问题，我们也需要认真去调查取证和及时反馈。

上级领导自己也以身作则，随时找机会和公司员工聊天交流，这让骨子里并不喜欢主动找人聊天的我倍感压力。

最初会觉得这有点浪费时间，但是时间一长，我开始意识到，个体是组成组织的元素，个体的问题解决好了，组织的问题不就迎刃而解了吗？做好对个体的关注，恰恰就是做好组织文化的最重要的基础。

在 2021 年早些时候，公司第一次举行了全员敬业度调研，在回答"你最喜欢公司的哪个方面"这个问题时，答案出现频率最高的是"公司文化"。我希望未来能够把这种对个体的高度关注继续坚持下去。

HR 职业发展之路

经常遇到 HR 小伙伴很关心自己的职业发展道路到底应该怎么走，如何才能做到金字塔最顶尖的那个岗位。

说实话，以前我认为自己有一些答案，但是直到最近和一位朋友聊天，她的观点在某种程度上改变了我的一些看法。

这位朋友长期在互联网行业从事 HR 工作，现在是某著名互联网公司的 HR 负责人。她告诉我一个现象。她说："你看啊，今天国内这些大的著名互联网公司的 HR 负责人没有一个是 HR 科班背景出身，比如腾讯、京东、字节、百度、阿里和美团等。"

事实的确如此。那为什么又是这些人呢？原来，这些 HR 负责人身上都有一个共同点：他们都是和公司创始人一起创业的伙伴，一起出生入死打天下的人。

这说明了一个什么问题？她继续分析："做到公司 HR 的负责人，你懂不懂这个领域里'术'的东西并不重要，重要的是你能否得到老板的信任；如果你真的想把'术'的东西搞懂，你完全可以去招一个厉害的 HR 专家来向你汇报就好。"

我这个朋友说的上面这些话不无道理。这里我并不是说做好 HR，懂得其中技术层面之"术"并不重要，而是，在懂"术"之余，有没有让自己的格局放得更高一点？

对于每一名志在 HR 金字塔尖的同学们，是否也可以花时间思考一下这些问题：

个人发展篇
谈谈新工作一年之后的感受

- 我平时把最多的时间花在了哪些地方？
- 我每天关心的问题在多大程度上和老板关心的问题相对齐？
- 我对业务的了解是否足够深入？
- 我是如何与老板建立并维护信任关系的？

当裁员降薪来临时

一位互联网行业大公司的朋友来访，谈到了近期好几家互联网行业大公司都在裁员，而且裁幅不小。据朋友讲，在这轮裁员中，有人幸运地通过降薪加入了新公司，而有人没找到下家就比较惨。后者之前背负了高额房贷，现在突然现金流中断，还要继续还高额房贷，一时真的是有点欲哭无泪。

还有一篇文章讲了某互联网公司开始实施绩效改革，主要措施包括：将员工绩效等级从原来的5级分为3级，岗位晋升也不再享受即时调薪，对干部的考核指标中增加了"降本增效"，等等。

这一系列的改革措施，都指向一个结果：互联网公司员工未来面临的工作压力将越来越大，轻松惬意拿高薪的日子一去不复返。

我朋友圈的一位朋友是这样评论的：

多数时候，不要迷信互联网大公司。他们现在强大，是因为在十几年前率先采用了一些当时先进的管理方式，确实取得了不错的成就。但时过境迁，他们没能与时俱进，现在依然因循守旧，直到2021年被强势治理，好日子不再，所以被迫改变。预测接下来的改变会更多。

几乎就在同时，大洋彼岸的美国科技业也在经历一场类似的风潮：马斯克接受媒体采访时说，因为对经济前景不看好，特斯拉计划裁员10%；在一个北美的HR群里，大家也在纷纷讨论美国科技公司的裁员潮。

裁员风愈刮愈烈，万一哪天自己不幸中招要被裁或降薪，该怎么办？

在这里，我更想把重点放在个人该如何进行心理建设、自我修复，从而顺利渡过这个难关上。

2017年，我曾参与了一本书的翻译，书名叫《卓越领导之旅》。本书的三位作者都有世界500强资深高管和多年领导力教练的背景。

书中描述了作为一名企业领导者，可能在职业生涯中遭遇13个关键时刻时该如何应对。这13个典型场景包括：从员工晋升为领导者、跳槽加入一家新公司、在一个糟糕的上司手下干活、错过公司晋升机会、遭遇家庭重大变故，等等。

我非常喜欢这本书，现在也经常拿出来翻，常读常新。这里，我借鉴书中描述的当领导者遭遇重大失败的场景，谈谈个人在遭遇降薪裁员时，可以做些什么。

不要让负面事件来定义自己

有人遭遇裁员降薪时，可能会备受打击、一蹶不振。这里需要强调的一点是：工作只是个人的一个方面而已，你不能因为某个方面遇到了点麻烦而否定整个人。一个人的角色很多，除了在职场中的工作角色外，还可能是配偶、父母、社团成员、兄弟姐妹、社区领导者，等等。

每个人都要学会更加全面地看待自己，而不是仅仅因为一件负面事件就全面否定自己。换句话说，虽然被裁员了，我的其他身份角色还在，还有很多人需要我，我还需要在这些角色上发挥出价值。

对事件做自我反思

在领导力课程中，我们常会听到这个说法：一个优秀的领导者一定是一个善于自我反思的人。不善于反思的人，在遇到困难挫折时常常将责任归结于外部因素。

可能这次裁员降薪根本就不是你的错，可能就是公司的一个错误决定，或者就是一个客观大环境带来的必然结果。但是，如果不做反思，你就无法从这次事件中得到任何收获。下次再遭遇同样的事件时，你可能还是走不出这个厄运的怪圈。

因此，何不利用好这个机会来一场彻底的自我反思呢？对自己保持极端坦诚，对整个事件彻底来一次复盘。在这一过程中，自己有哪些做得不够合理的地方？如果重新来过，有哪里可以做得不一样？是否有旁人可以请教，让对方给自己一些建议？

遇到麻烦就已经让人抓狂，再做一场深刻的自我反思会让自己更加别扭。但是，只有深入一次这样的不舒适区，将来的你才会变成一个更好的你。

利用好周围的人际网络支持

遭遇裁员降薪是一件很残酷的事情，如果自己独自面对，往往会让情况变得更糟。我个人的经验是：在人生遭遇重大挫折或抉择的关头，会找来平时私交不错的朋友敞开聊聊。

旁观者清，对方从自己的角度给出的一些意见和建议，会帮助我们更加全面地认清现实。我们可以不采纳这些意见，但在考虑完这些因素之后，会让自己的决策更加全面。

另外，寻求身边人际网络帮助还有一个作用：人在遭遇挫折时，容易冲动行事，这样往往会让整个事情变得更糟。一个好的人际网络带来的支持，可以防止你在冲动时做出让自己后悔终生的决定。

制定一个"下一步"策略

当我们的目光始终投向远方的未来时，脚下这点暂时的挫折便算不上什么。

我们此时可以超越关于过去做了什么的思考。基于前面的自我反思，静下心来仔细想想接下来该做什么，自己都有哪些可选项，并据此制定下一步策略。

如果遭遇降薪，认真思考以下问题：此时跳槽是不是一个最好的选择？我在其他公司能谋得一个更好的职位吗？如果不能，我欠缺的技能是什么？该如何弥补？该在公司内部找谁帮助？

如果遭遇裁员，认真思考以下问题：过去这段职业经历教会了我哪些东西？我的哪些经历或哪些资质是市场上其他公司所渴望的？我还有哪些职业技能需要提升或掌握？我可以向谁寻求帮助？在找到下一份工作之前，我该如何度过这段间歇期？

结语

慢慢来，别着急。很多时候，行动导向的我们在遭遇类似裁员降薪这样的挫折后，要么意志消沉，要么急于行动，以至于造成一些难以挽回的后果。

慢下来，留出一些时间让自己思考和反省，让每一次挫折变成真正让自己得到成长的黄金机会，这样才会让自己发生行为改变并脱胎换骨。

选择留在一线城市央企还是去三四线城市民企做 HRD

一位朋友最近遇到了职业选择的难题，于是来咨询我：

他 33 岁，目前在一家世界 500 强央企旗下的机构工作，工作地点在深圳，职级相当于中层骨干，加入公司约一年。最近有一家来自家乡小县城的公司邀请他过去做 HRD。这家小县城的公司是中国 500 强企业的下属公司，赛道是国家鼓励行业，体量也比较大，预计不久将在新三板上市。

目前朋友在深圳是负责整个公司的招聘工作，直接向公司 HR 负责人汇报。当面临这个 HRD 机会时，他有点纠结。薪酬待遇不是主要问题，新公司开出了和深圳现有岗位持平的薪资。主要问题在于：

他之前都在上海、深圳这样的一线城市工作，且目前公司是一个央企平台。他担心因选择一个小地方的岗位而偏离了主流就业市场，以后想再重新回到一线城市发展就没机会了。

最后，这位朋友写道："我是个长期主义者，为了长远目标我愿意厚积薄发，轻易不着急变现，但现在这情况我分不清选哪个才是'厚积'。"

我相信这位朋友遇到的问题也可能会被其他一些朋友遇到，这里结合个人的经历来谈谈我的观点：

个人发展篇
选择留在一线城市央企还是去三四线城市民企做 HRD

从负责某个职能到负责公司整体是一个质的飞跃

做招聘部门或其他专业模块的负责人，更多依靠的还是专业能力；做整个公司的 HRD，依靠的是对战略的理解力、对业务的影响力以及对团队的领导力。

HR 职能负责人平时只需考虑工作的某个方面就行了，但是作为整个公司的 HRD，就需要有一种洞察并掌控全局的能力。

公司的所有关键业务环节，研发、生产、营销、财务等都是 HRD 需要去了解的领域，否则无法制订出业务需要的 HR 政策和规划，这对个人能力而言是一大挑战。

我在成为 HRD 之前，也在跨国公司的大平台下工作，主要经历过招聘、培训、薪酬和员工关系等模块。当时觉得，未来要成为 HRD，我的经验积累还不够，也不够自信，最好花时间把每个 HR 模块都做一遍。

后来，因为一个偶然的机会，我成为一家千人规模民企的 HRD。真正走上这个新岗位之后，我才意识到之前自己的认知是多么有限。我也意识到，一个合格的 HRD 所需具备的某些能力和阅历，可是仅靠职能岗位如何积累也很难获取的。

应该说，后来在这个 HRD 岗位上给我带来的职业成长，是几倍于之前的，我甚至后悔没有早一点抓住这样的机会。

个人能否重回一线城市工作看重的是个人历练和能力

这位朋友担心，一旦去了一个小城市工作，将来是不是就很难再有机会返回一线城市了。

其实，今天的劳动力市场，远比过去更加开放。从用人部门角度来看，决定是否录用一个人选，看重的更多是候选人本身的工作经历和胜任力，而非这个人当下所处的地理位置。

同时，今天中国的经济发展越来越迅速，人才流动也越来越频繁，优秀企业不再是一线城市才拥有的专利。以汽车业为例，长城汽车（河北保定）、蔚来汽车（安徽合肥）、宁德时代（福建宁德）这些知名企业，不也都在二三线以外的城市发展吗？

在非一线城市的企业，依然可以拥有中国一流的人才，相信这些人才也是被一线城市的其他企业追捧的。

所以，这位朋友需要考虑的不是新岗位地点是否位于一线城市，而是新岗位到底能够给自己带来什么样的阅历和能力拓展。

在小城市依然有办法跟得上一线城市的节奏

不可否认，一旦去了小城市，身边接触的资源没法和大城市相比。但是，我们今天所处的是一个互联网和数字化的社会，社交媒体如此发达，有很多资源并不需要我们具备就近的物理距离才可获得。

图书、公众号、直播、网课、微信群、在线知识平台等，环绕在我们身边的资源数不胜数，且这些资源都在实时更新。即便你身处地球的任何一个角落，都可以随时随地方便获取这些资源。

换句话说，你虽然身处小城市，但是你掌握了这些资源，并在平时非常自律地严格要求自己，随时利用这些资源来提升自己，虽然你现在无法和一线的人脉面对面，但也丝毫不会降低你的学习效果，你也可以变得和一线城市精英一样优秀。

我自己就经常使用一些在线课程平台，B 站和课程时代（Coursera）都是我经常使用的。虽然今天我位处中国，但是通过这些网站可以随时身临其境地学习哈佛、斯坦福、耶鲁这些世界名校的课程。

去了小城市工作，反倒需要特别注意的是：当你身边的亲朋好友都拥有一种完全不同的生活和工作方式时，你该如何保持自律，不受他们生活方式的同化，这是一个不小的挑战。

我的老家就是在一个小城市，身边亲朋好友似乎都过着一种很安逸的生活。

假如说你抵抗不住这些诱惑，放任自流，过一段时间之后再返回一线城市，是否还能跟得上周围人的工作节奏，就得打一个大大的问号了。

总而言之，在大城市和小城市之间做选择，空间距离并不可怕，重要的是你给自己规划一个什么样的长期和短期目标，以及决定如何丰富自己的经历和提升个人的能力。

是金子到哪里都会发光。一旦你具备了以上经历和能力，成为任何一个企业都非常渴求的人才则近在眼前，无论这家企业是位于一线大城市还是三四线小城市。

读书笔记

读书笔记

读书笔记

——— 好书是俊杰之士的心血，智读汇为您精选上品好书 ———

本书首次描述了曾经影响过你、正在影响着你或未来会影响到你的赋能师及赋能对话7要素：目标期望、意义澄清、现状觉察、优势发掘、行动自发等。

作者和团队根据12年来帮助的数百家企业落地阿米巴经营的经验，总结出一套"全员创利——中国式阿米巴经营"。

狮虎搏斗，揭示领导力与引导技术之间鲜为人知的秘密。9个关键时刻及大量热门引导工具，助你打造高效团队以达成共同目标。

这本书系统地教会你如何打造个人IP，其实更是一本自我成长修炼的方法论。

本书作者洞察了销售力的7个方面，详实阐述了各种销售力要素，告诉你如何有效提升销售能力，并实现销售价值。

解锁股权合伙人95种实用实效激励模板、工具图表，剖析、点评股权合伙人60个实战案例。

企业经营的根本目的是健康可持续的盈利，本书从设计盈利目标等角度探讨利润管理的核心，帮助企业建立系统的利润管理框架体系。

目标引擎，是指制定目标后，由目标本身而引发的驱动力，包括制定目标背后的思考、目标落地与执行追踪。

本书分力量篇、实战篇、系统篇三部分。以4N绩效多年入企辅导案例为基础而成，对绩效增长具有极高的实战指导意义。

——————— 智读汇系列精品图书诚征优质书稿 ———————

智读汇出版中心与出版社及社会各界强强联手，整合一流的内容资源，多年来在业内享有良好的信誉和口碑。本出版中心是《培训》杂志理事单位，及众多培训机构、讲师平台、商会和行业协会图书出版支持单位。

向致力于为中国企业发展奉献智慧，提供培训与咨询的**培训师、咨询师、企业家和社会各界名流**诚征优质书稿和全媒体出版计划，同时承接讲师课程价值塑造及企业品牌形象的**视频微课、音像光盘、微电影、创业史纪录片、动画宣传**等。

出版咨询：13816981508（兼微信）

● 更多精彩内容请登录 智读汇网：www.zduhui.com

欢迎关注智读汇书苑